Descobrir Jogos Online Grátis

Disponível Aqui:

BestActivityBooks.com/FREEGAMES

5 DICAS PARA COMEÇAR

1) CÓMO RESOLVER LAS SOPA DE LETRAS

Os puzzles têm um formato clássico:

- As palavras estão escondidas sem espaços ou hífenes,...
- Orientação: As palavras podem ser escritas para a frente, para trás, para cima, para baixo ou na diagonal (podem ser invertidas).
- As palavras podem sobrepor-se ou intersectar-se.

2) APRENDIZAGEM ACTIVA

Ao lado de cada palavra há um espaço para anotar a tradução. Para encorajar a aprendizagem activa, um **DICIONÁRIO** no final desta edição permitir-lhe-á verificar e expandir os seus conhecimentos. Procure e anote as traduções, encontre-as no puzzle e adicione-as ao seu vocabulário!

3) MARCAR AS PALAVRAS

Pode inventar o seu próprio sistema de marcação - talvez já use um? Pode também, por exemplo, marcar palavras difíceis de encontrar com uma cruz, palavras favoritas com uma estrela, palavras novas com um triângulo, palavras raras com um diamante, e assim por diante.

4) ESTRUTURANDO A APRENDIZAGEM

Esta edição oferece um **CADERNO DE NOTAS** prático no final do livro. Nas férias, em viagem ou em casa, pode facilmente organizar os seus novos conhecimentos sem a necessidade de um segundo caderno!

5) JÁ TERMINOU TODAS AS GRELHAS?

Nas últimas páginas deste livro, na secção **DESAFIO FINAL**, encontrará um jogo gratuito!

Rápido e fácil! Consulte a nossa colecção de livros de actividades para o seu próximo momento de diversão e **aprendizagem**, a apenas um clique de distância!

Encontre o seu próximo desafio em:

BestActivityBooks.com/MeuProximoLivro

Aos vossos lugares, preparem-se...Vão!

Sabia que existem cerca de 7.000 línguas diferentes no mundo? As palavras são preciosas.

Adoramos línguas e temos trabalhado arduamente para criar livros da mais alta qualidade para si. Os nossos ingredientes?

Uma selecção de tópicos adequados à aprendizagem, três boas porções de entretenimento, e depois acrescentamos uma colherada de palavras difíceis e uma pitada de palavras raras. Servimo-los com amor e máximo divertimento, para que possa resolver os melhores jogos de palavras e se divirta a aprender!

A sua opinião é essencial. Pode participar activamente no sucesso deste livro, deixando-nos um comentário. Gostaríamos de saber o que mais lhe agradou nesta edição.

Aqui está um link rápido para a sua página de encomendas:

BestBooksActivity.com/Avaliacoes50

Obrigado pela vossa ajuda e divirtam-se!

A Equipa Inteira

1 - Dirigindo

```
C H F C S S T R Y D H V H O
A L F D I O G E L W C H Q H
R B U C J W M T K N E O O Z
K E T D L C E R D D W Y R L
R I R X I G A R E J Y Z C C
H C A K M A P B R E C I A U
Y M F S X S N W Y T X P J B
B O F D F A P T A N W Y D D
U D I A F F H E D D L U C G
D U G M O D U R R G P B M O
D R G W R P T R W Y D D E D
W W U A D E U A O G G Z Y F
R T W I D T W N N E L L J K
N F J N P L Z J X E T Z X B
```

DAMWAIN   BEIC MODUR
CAR   MODUR
TANWYDD   CERDDWYR
RHYBUDD   PERYGL
FFORDD   HEDDLU
BRECIAU   STRYD
GAREJ   DIOGELWCH
NWY   CLUDIANT
TRWYDDED   TRAFFIG
MAP   TWNNEL

2 - Atividades

```
E  G  W  E  I  T  H  G  A  R  E  D  D  P
I  C  V  S  Z  R  G  E  M  A  U  P  D  L
S  E  S  J  K  F  Y  P  I  E  Z  Y  M  E
B  R  Y  A  X  V  E  V  U  C  A  S  U  S
H  A  M  D  D  E  N  P  F  E  I  G  Y  E
Y  M  L  A  C  I  O  T  W  L  Q  O  R  R
H  E  L  A  H  S  L  N  K  F  V  T  Q  C
U  G  M  L  A  R  O  S  G  E  I  A  M  C
D  I  D  D  O  R  D  E  B  A  U  Y  H  I
G  G  Q  O  N  Q  Z  B  X  Q  I  M  B
G  A  R  D  D  I  O  D  A  R  L  L  E  N
C  R  E  F  F  T  A  U  M  J  K  L  L  S
L  O  P  R  U  H  O  C  R  O  F  Y  E  W
D  Y  K  H  R  I  P  F  O  Y  M  F  K  R
```

CELF
CREFFTAU
GWEITHGAREDD
HELA
HEICIO
CERAMEG
DIDDORDEBAU
GARDDIO

GEMAU
HAMDDEN
DARLLEN
HUD
PYSGOTA
PLESER
YMLACIO

3 - Churrascos

```
N G W M A G C I N I O T P F
P E X X D S Y R T H I O N F
O M W V A D W Q S A Q M K R
E A M Y L F I T O F U A T W
T U F K N W Â V E O X T M Y
H P P U P U R I S U E O V T
C Y L L Y L L I A H L S U H
F G A S A W S V L S A U W X
H H N L L Y S I A U A L U U
K B T I K U Z J D O B B E M
N H W W G R N K A T D O G N
B H X M E M K Y U V R A R L
C E R D D O R I A E T H I I
G W A H O D D I A D J P L O
```

SYRTHION
GWAHODDIAD
PLANT
CYLLYLL
TEULU
NEWYN
CYW IÂR
FFRWYTH
GRIL
CINIO

GEMAU
LLYSIAU
SAWS
CERDDORIAETH
PUPUR
POETH
HALEN
SALADAU
TOMATOS
HAF

4 - Pesca

```
C E F N F O R A L R V E C W
N F E S B O N I A D K Y R U
T R A E T H B M P G L O X R
B A C H Y N C A F O N F D T
K B G R F P W Y S A U F H U
A W M E S G Y L L G X E J V
K Y V I L W E A J W E R E G
C D S D G L K U F I C D Ŵ R
W O C N T X A L L F V E T F
C V G L K J X U E R L L Y N
H P V I L Y U S N E J T M J
T L Z X N K L Ê V N N I O Q
K O W M Y I V N W M I Q R W
T H A N W Y O A M Y N E D D
```

DŴR
ESGYLL
CWCH
TAGELLAU
BASGED
COGINIO
OFFER
ESBONIAD
GWIFREN
BACHYN

ABWYD
LLYN
ÊN
CEFNFOR
AMYNEDD
PWYSAU
TRAETH
AFON
TYMOR

5 - Geologia

```
R  K  T  W  S  J  K  C  G  Q  N  C  H  X
P  P  Y  W  T  T  A  Y  W  H  Y  X  A  V
X  U  A  C  A  M  U  F  A  A  H  J  L  C
F  L  I  A  L  L  Y  A  S  E  R  Y  E  R
R  A  W  L  A  D  P  N  T  N  M  T  N  I
K  F  F  S  C  M  O  D  A  P  W  I  S  S
C  A  A  I  T  A  Z  I  D  A  Y  U  B  I
R  W  F  W  I  R  S  R  D  R  N  L  X  A
F  X  R  M  T  Q  V  I  R  T  A  W  S  L
U  X  V  E  E  D  O  H  D  H  U  W  L  A
O  Y  O  E  L  C  A  R  R  E  G  S  D  U
G  O  J  D  A  E  A  R  G  R  Y  N  I  K
O  U  O  N  C  Y  L  C  H  O  E  D  D  Q
F  F  O  S  I  L  R  N  U  H  O  U  X  U
```

ASID	FFOSIL
HAEN	LAFA
OGOF	MWYNAU
CALSIWM	CARREG
CYLCHOEDD	GWASTAD
CYFANDIR	CWARTS
CWREL	HALEN
CRISIALAU	DAEARGRYN
STALACTITE	PARTH

6 - Tempo

```
W Y T H N O S C M M P U T M
C M O V Y A U G G S U E F U
H A N N E R D Y D D Y B C N
N C D O I B D M E P Q L T U
A N O X S L O A K H S W W D
W V Z V Q Y E R C Y W Y C H
R C L O C N C A L E N D R E
N S A U A Y Y U D I D D J D
D M I S N D N F Y B F Y P D
E R S V R D Y G F X O N V I
G K K X I O P M O G A R G W
A E N D F L A R D G E A E N
W K B C T U W C O D D Y D D
D Z P D M W R N L Z F B L C
```

NAWR
BLWYDDYN
CYN
BLYNYDDOL
CALENDR
DEGAWD
DYDD
DYFODOL
HEDDIW
AWR

BORE
HANNER DYDD
MIS
MUNUD
SYLW
NOS
DDOE
CLOC
WYTHNOS
CANRIF

7 - Astronomia

```
Q  R  O  C  E  D  S  R  D  W  Z  E  D  G
N  E  B  U  L  A  O  E  S  P  J  S  D  O
R  Y  F  Y  C  D  L  C  R  Z  H  L  A  F
L  P  U  Q  F  Q  A  M  Y  Y  I  P  E  O
B  L  A  N  E  D  R  E  E  T  D  V  A  D
C  L  W  B  Q  J  F  C  K  T  S  D  R  W
Z  E  Y  H  U  F  O  L  I  I  E  E  W  R
G  U  R  R  I  U  M  I  S  W  F  O  R  R
T  A  G  A  N  W  H  P  K  B  Y  O  R  T
M  D  Q  R  O  Q  A  S  T  E  R  O  I  D
S  S  A  I  X  L  P  E  F  N  T  Z  N  X
Y  M  B  E  L  Y  D  R  E  D  D  E  Y  T
A  R  S  Y  L  L  F  A  C  O  S  M  O  S
D  I  S  G  Y  R  C  H  I  A  N  T  I  E
```

ASTEROID	DISGYRCHIANT
GOFODWR	LLEUAD
SERYDDWR	METEOR
AWYR	NEBULA
CYTSER	ARSYLLFA
COSMOS	BLANED
ECLIPSE	YMBELYDREDD
EQUINOX	SOLAR
ROCED	DDAEAR

8 - Circo

```
Q N Z A R D F F C C M X A H
Y L U H N W A V L A B G N Y
V W V N A I G N O N K S J Q
F I Q U Y P F W W D G P R G
A C R O B A T E N Y W F C Z
G T P J V B Y S I W G L W R
W O V R D E W I N L T R I C
I C Y G S L G W Y L I W R N
S Y M K D L O D R E M A K Z
G N T W K D H U H W K C I L
O L E K N J U P O R D Y Z D
E C I M P C D M D I O L Y U
D S G F E L I F F A N T Q I
D P R E S O H B A L W N A U
```

ACROBAT
ANIFEILIAID
BALWNAU
TOCYN
RHODFA
CANDY
ELIFFANT
GWYLIWR
LLEW

MWNCI
HUD
SIWGLWR
DEWIN
CLOWN
PABELL
TEIGR
GWISGOEDD
TRIC

9 - Acampamento

```
A N T U R C P A B E L L H O
P N M I M A Q P U O R Q W Z
H B V V I B D E L S S E K Z
N N C K I A H M Y N Y D D H
L L Y N T N E A C O E D F E
P Y M J L D L P O F F E R T
G T S J V Z A A E R A Q N R
H A M M O C K U D V H D E A
D A L R U I W C W M P A W D
T E C A N Ŵ Q I I N M H F X
Â A W M A Q D J G W C Y T F
N U P X T G H R T X L L W R
C T B J U E L L E U A D A E
X D B P R Y F E D G V Y H W
```

ANTUR	TÂN
COED	PRYFED
CWMPAWD	LLYN
CABAN	LLEUAD
HELA	HAMMOCK
CANŴ	MAP
HET	MYNYDD
RHAFF	NATUR
OFFER	PABELL
COEDWIG	

10 - Emoções

```
E Y R C G Y F F R O U S L J
H H A M D D E N O L K G L T
W Y N F Y D U D Q D N L A C
T R I S T W C H N U L L W A
G R O D G W U Q L D Z O E R
D I O L C H G A R I U N N E
T C Y N N W Y S A F S Y Y D
C Y D Y M D E I M L A D D I
Q D N C A R U D U A U D D G
Z G A E W Q B R R S X W I R
K F U W R T T W U T R C C W
O F N S E W M L E O T H T Y
Q W C N X L C F D D V M E D
A H E D D W C H X G P K R D
```

LLAWENYDD
CARU
GYFFROUS
WYNFYD
CAREDIGRWYDD
DAWEL
CYNNWYS
DIOLCHGAR
OFN

HEDDWCH
DICTER
HAMDDENOL
FODLON
CYDYMDEIMLAD
TYNERWCH
DIFLASTOD
LLONYDDWCH
TRISTWCH

11 - Ficção Científica

```
T  B  L  A  N  E  D  Q  A  T  O  N  T  M
Y  E  F  F  R  W  Y  D  R  A  D  F  N  P
K  M  C  R  O  B  O  T  I  A  I  D  G  E
T  I  E  H  D  Y  C  H  M  Y  G  O  L  L
E  S  L  I  N  O  R  A  C  L  E  A  B  L
H  I  W  T  B  O  D  Y  S  T  O  P  I  A
S  X  T  H  Y  Y  L  D  I  R  G  E  L  T
L  I  Â  H  D  D  E  E  P  A  F  B  S  O
V  I  N  Y  A  Z  M  Y  G  W  Y  C  H  M
O  Z  T  E  F  F  G  A  L  A  E  T  H  I
X  H  N  J  M  O  O  U  T  O  P  I  A  G
H  E  T  E  Q  A  Z  L  O  T  P  Y  B  A
L  L  Y  F  R  A  U  D  E  X  I  V  K  M
D  Y  F  O  D  O  L  A  I  D  D  M  K  Q
```

ATOMIG	RHITH
SINEMA	DYCHMYGOL
PELL	LLYFRAU
DYSTOPIA	DIRGEL
FFRWYDRAD	BYD
EITHAFOL	ORACLE
GWYCH	BLANED
TÂN	ROBOTIAID
DYFODOLAIDD	TECHNOLEG
GALAETH	UTOPIA

12 - Mitologia

```
N  B  R  R  C  R  E  A  D  U  R  M  X  T
M  P  X  T  R  H  C  E  N  F  I  G  E  N
E  C  V  P  A  Y  M  A  R  W  O  L  U  A
L  V  H  A  N  F  A  R  W  O  L  D  E  B
L  C  F  B  M  E  E  Y  A  R  W  R  T  Y
T  A  B  N  Q  L  M  E  D  D  W  L  J  M
R  L  B  R  P  W  C  R  E  D  O  A  U  D
Y  D  W  Y  A  R  W  R  E  S  G  D  R  D
C  G  I  C  R  Y  F  D  E  R  S  X  H  Y
H  L  F  A  U  I  T  N  V  U  N  Z  U  G
I  E  J  Q  L  N  E  A  W  K  A  D  I
N  T  J  S  W  F  J  T  Z  B  G  B  O  A
E  Z  P  Z  R  H  U  C  H  W  E  D  L  D
B  A  N  G  H  E  N  F  I  L  S  W  V  T
```

CENFIGEN	ANFARWOLDEB
YMDDYGIAD	LABYRINTH
CREDOAU	CHWEDL
CREU	HUDOL
CREADUR	ANGHENFIL
TRYCHINEB	MARWOL
CRYFDER	MELLT
RHYFELWR	MEDDWL
ARWRES	DIAL
ARWR	

13 - Medições

```
M  U  N  U  D  V  W  B  B  G  U  X  T  G
O  E  C  H  W  A  R  T  E  B  C  E  U  R
D  W  S  F  J  B  P  I  I  Y  H  C  N  A
F  O  H  U  P  P  L  I  T  R  D  A  N  D
E  I  W  T  R  W  H  Y  D  P  E  N  E  D
D  N  X  N  H  Y  C  A  J  Q  R  O  L  C
D  Y  M  À  S  S  D  I  U  V  K  L  L  Y
G  R  A  M  J  A  W  D  L  V  S  F  R  F
E  A  F  V  Q  U  U  Y  D  O  D  A  O  R
T  W  X  V  S  Q  I  P  T  G  G  N  L  O
Q  X  D  Y  F  N  D  E  R  X  H  R  Y  L
D  E  G  O  L  T  I  T  N  K  B  D  A  K
L  L  E  D  R  V  T  I  S  I  H  C  K  M
F  P  P  U  N  U  E  Q  D  Q  S  X  D  Y
```

UCHDER	MESURYDD
BEIT	MUNUD
CANOLFAN	OWNS
HYD	PWYSAU
DEGOL	MODFEDD
GRAM	DYFNDER
GRADD	CHWART
LLED	CILOGRAM
LITR	TUNNELL
MÀS	CYFROL

14 - Plantas

```
L J X U M W S O G L A S L O
L L Y S T Y F I A N T P L L
S D W P Y P G C R P X T Y T
O H E Y A P L P D E E R S C
F M Q Y N S A A D T G H I R
Z L B M N E S F B A J I E N
O C O E D D W I F L V D U V
U E R R N A E R O N O Q E E
E I F T A I L I M Z J D G I
J D F G V L L B A M B Ŵ Y W
P D A G W R T A I T H H Y N
P E R L Y S I A U F W O M F
G W R A I D D C O E D W I G
O H E E W C A C T U S Z B M
```

LLWYN	FLORA
COED	COEDWIG
AERON	DAIL
BAMBŴ	GLASWELLT
LLYSIEUEG	EIDDEW
CACTUS	GARDD
PERLYSIAU	MWSOGL
FFA	PETAL
GWRTAITH	GWRAIDD
BLODYN	LLYSTYFIANT

15 - Veículos

```
T Z N G G L B C H O L Q C A
R R A W D L F A O G C N W M
A O I E Y O P R F Q Z W C B
C C S N G N R A R V R U H I
T E F N C G U F E D V D M W
O D F O G D K A N B W S M L
R Y O L C A E N N W W N J A
T I R I O N S C Y K L X M N
V T D H L F G A D G Z N G S
U S D X L O W R D A D O G T
B M O D U R T A W Y R E N A
M E T S F F E R I L O R I C
C C I P R O R M E T R N P S
R T I C K I B N D S R W O I
```

AMBIWLANS	LLU
AWYREN	SGWTER
FFERI	ISFFORDD
CWCH	MODUR
BEIC	BWS
LORI	TIRION
CARAFAN	LLONG DANFOR
CAR	TACSI
ROCED	GWENNOL
HOFRENNYDD	TRACTOR

16 - Restaurante # 2

```
Z Y P M P W P J S C B M K E
T D D X U W V E C A C E N Q
C I N I O D A K Q E L X G V
L C A D E I R Y D D L A Z X
L U F L Q Z M N W D L S D X
Y D L C R P U B D I Â M X O
S B E I S Y S F F O R C E P
I W F Z F I B E L D Ŵ R O Y
A J Z F J J C L L L W Y R S
U U W C R U J H A L E N W G
M J W A O W N D R S G F Y O
A W Q R T D Y S O J U K A D
W Y D S R N K T S L F S U V
V C A W L E F A H P N R Q W
```

DŴR
DIOD
CACEN
CADEIRYDD
LLWY
BLASUS
SBEISYS
FFRWYTH
AROS
FFORC

IÂ
CINIO
LLYSIAU
NWDLS
WYAU
PYSGOD
HALEN
SALAD
CAWL

17 - Países #2

```
N X P A K I S T A N Y N F E
U G I H N V I B S L L Z A S
R K N A G R D W Y Y J J G N
D I D I U G A N D A R L W I
I E O T J A M A I C A I L G
W N N I Q P X J C J R B A E
E U E M E C S I C O G A D R
R L S S A L B A N I A N G I
D A I R X R R P W M V U R A
D O A W V J C T J C W S O P
O S X S O M A L I A R S E N
N E V I F F R A I N C Á G D
D Q J A P A N N E P A L I V
P O V Z H J I H A M I D H N
```

ALBANIA	LIBANUS
DENMARC	MECSICO
FFRAINC	NEPAL
GWLAD GROEG	NIGERIA
HAITI	PAKISTAN
INDONESIA	RWSIA
IWERDDON	SYRIA
JAMAICA	SOMALIA
JAPAN	WCRÁIN
LAOS	UGANDA

18 - Cozinha

```
R  L  U  J  W  G  M  F  A  H  T  F  Z  K
Y  L  N  A  P  C  Y  N  G  V  P  L  Y  F
S  W  O  R  R  H  E  W  G  E  L  L  N  H
Á  Y  D  G  O  M  Y  Z  D  E  Y  G  B  T
I  A  D  W  R  A  B  C  P  O  P  T  Y  E
T  U  I  S  O  I  A  H  C  E  C  F  P  G
F  K  E  M  B  V  L  O  W  R  C  F  B  E
A  F  V  E  Y  H  I  P  P  G  Y  Y  L  L
S  B  E  I  S  Y  S  S  A  E  L  R  L  L
Q  O  J  D  R  Z  Y  T  N  L  L  C  E  I
B  W  B  V  O  A  L  I  A  L  Y  I  T  A
C  L  E  D  H  G  M  C  U  S  L  P  W  A
P  M  C  E  C  P  Q  K  T  V  L  H  A  O
T  J  Z  T  Z  Q  Z  S  M  M  B  P  D  U
```

FFEDOG
TEGELL
LLWYAU
LLETWAD
CWPANAU
SBEISYS
NODDI
CYLLYLL
POPTY
RHEWGELL

FFYRC
OERGELL
GRIL
NAPCYN
JAR
JWG
CHOPSTICKS
RYSÁIT
BOWL

19 - Brinquedos

```
C L P S K I D E Z K D C B K
A L O Z D E Y C B Y R R A U
U N A R X P A E N T Y E R Y
O Z Y I I Ê H T Y S M F C T
B E I C X L R Z H K I F U J
L D Y C H Y M Y G U A T D M
L G E M A U W C Q W U A M X
Y U D D C W C H A Z H U A X
F Y U D U D D L W R O B O T
R R D O P Z P I Y J F F M O
A Y O L Y K M F R T F K M X
U F D F W U L Z E S G B U M
Z C Z M H O Q Z N K M V T H
G W Y D D B W Y L L O F Y R
```

CLAI	CAR
CREFFTAU	HOFF
AWYREN	DYCHYMYG
CWCH	GEMAU
DRYMIAU	LLYFRAU
BEIC	BARCUD
PÊL	ROBOT
DDOL	PAENT
LORI	GWYDDBWYLL

20 - Verão

```
G Y M L A C I O A W V G C X
G A C E R D D O R I A E T H
C F R K H O B S N G K M D A
A L Z D B E H I O D D A K M
T F A H D I B P R W T U J D
E W I R S Y V O N G W H T D
U G V I N Z V P I W S Ê R E
L L A W E N Y D D E X X A N
U Q C D P U G C A R T R E F
N V T E I T H I O S M M T G
F F R I N D I A U Y N Ô H D
L L Y F R A U Z P L L H R R
O S P I H C W R I L X F E U
H B G O T S A N D A L A U A
```

GWERSYLLA   LLYFRAU
LLAWENYDD   MÔR
FFRINDIAU   DEIFIO
CARTREF   CERDDORIAETH
SÊR   TRAETH
TEULU   YMLACIO
GARDD   SANDALAU
GEMAU   TEITHIO
HAMDDEN

21 - Material de Arte

```
C P L H A W D D F Y D O X D
R T A C Z C Ŵ S V A P N B E
E V J E R S R A B C A C B E
A Q K X N O A Y T F P U C J
D A X O P T K G L I U W O P
I G P R Z R U L T I R W L E
G W K I R J D O F G G C E N
R S Q O T H Y N T X L X W S
W I H F M A W I N C U N Y I
Y L W X X T A B L U D A A L
D W I M C A D E I R Y D D I
D B D G L J I I O W Y O D A
Y X R C A M E R A N R Q L U
B R L L I W I A U V C M N C
```

ACRYLIG	LLIWIAU
RHWBIWR	CREADIGRWYDD
CLAI	PENSILIAU
DŴR	TABL
CADEIRYDD	OLEW
HAWDDFYD	PAPUR
CAMERA	INC
GLUD	PAENT

22 - Números

```
U G A I N O K G N P O I S P
N N V M A T H P L U H V A T
T G A C W R K D U Y M V I X
Q R P R J I O H H M X U T C
W P I K B N T B S K P E H H
L Y T A S Y P E D W A R D V
F M D T R L M Q A Z A A E K
H T M X W D D T U P W C G Z
J H Y Z M D D C H W E C H S
D E U D D E G E D E G A I G
A G T W X U C X G I G U C Q
L J S A H N S E R O O E D O
G W Y T H A I W B M R Z W G
V X Y M Q W D E G O L H G O
```

PUMP
DEGOL
DEG
UN AR BYMTHEG
DEUNAW
DAU
DEUDDEG
MATH
NAW
WYTH

PEDWAR
PYMTHEG
CHWECH
SAITH
TRI AR DDEG
TRI
UN
UGAIN
SERO

23 - Especiarias

```
S  W  L  H  X  F  F  E  N  I  G  L  U  U
U  A  N  I  S  E  K  D  H  A  L  E  N  P
R  R  F  J  C  M  O  D  P  A  H  T  I  L
E  S  Z  F  C  Y  B  H  Y  K  K  S  G  C
P  U  P  U  R  C  R  L  F  A  N  I  L  A
F  N  T  R  O  W  N  I  A  M  J  N  N  R
U  I  W  R  C  M  M  S  L  S  M  S  Y  D
V  O  N  P  N  I  B  X  C  N  E  I  T  A
A  N  O  U  L  N  O  N  H  O  L  R  M  M
L  I  C  O  R  I  C  E  W  M  Y  B  E  O
N  H  B  G  A  R  L  L  E  G  S  V  G  M
S  I  N  A  M  O  N  R  R  I  I  N  K  W
X  X  O  I  K  O  E  N  W  Y  R  B  U  O
G  A  Q  J  F  C  O  R  I  A  N  D  E  R
```

SAFFRWM	UNION
LICORICE	CORIANDER
GARLLEG	CWMIN
CHWERW	MELYS
ANISE	FFENIGL
SUR	SINSIR
FANILA	NYTMEG
SINAMON	PUPUR
CARDAMOM	BLAS
CYRI	HALEN

24 - Aniversário

```
A D R K N D I A B D C F R G
N R O I O Y F M H A P U S W
W H B E T D A S F T F C U A
Y O U E T D N E N H F A O H
D D X G N H C R N L R N F O
D D B C C N I E D I I H P D
R L G Â A B I N L A N W U D
V B K N L C X G E D D Y E I
R G W K E A E N N B I L T A
D C R T N R F N Z Y A L L D
B L W Y D D Y N U W U A V A
I S T F R I Z C G F M U O U
W H Q L L A W E N P Q F S Q
V Q Z P U U I D D Y S G U B
```

LLAWEN	DYDD
FFRINDIAU	RHODD
BLWYDDYN	ARBENNIG
I DDYSGU	HAPUS
CACEN	IFANC
CALENDR	ANWYD
CÂN	DOETHINEB
CARDIAU	AMSER
DATHLIAD	CANHWYLLAU
GWAHODDIADAU	

25 - Casa

```
A  S  A  U  Y  Q  D  R  C  A  W  O  D  L
U  T  P  T  S  B  T  U  R  N  G  B  G  L
P  B  I  C  T  N  K  D  R  Y  C  H  A  E
A  E  C  G  A  F  L  O  U  P  X  V  R  N
L  I  M  F  F  E  N  S  G  Z  T  S  E  N
L  G  V  P  E  D  R  W  S  I  C  D  J  I
W  A  L  G  L  B  Z  A  Z  T  P  O  Q  U
E  P  T  Q  L  G  A  R  D  D  F  D  D  Q
D  R  B  L  A  B  W  N  S  N  U  R  B  P
D  G  A  L  H  Y  Z  F  A  U  C  E  T  N
I  F  F  E  N  E  S  T  R  D  W  F  G  F
R  C  P  T  N  E  N  F  W  D  L  N  N  I
R  X  O  Â  L  L  Y  F  R  G  E  L  L  E
V  N  H  N  U  C  E  G  I  N  T  T  J  N
```

LLYFRGELL	LLE TÂN
FFENS	DODREFN
ALLWEDDI	WAL
CAWOD	DRWS
LLENNI	YSTAFELL
CEGIN	ATIG
DRYCH	RUG
GAREJ	NENFWD
FFENESTR	FAUCET
GARDD	BANADL

26 - Vegetais

```
R  J  W  P  A  C  I  W  C  Y  M  B  R  P
U  J  A  E  T  R  I  N  D  T  R  D  Q  W
Y  O  U  R  O  A  T  S  E  L  E  R  I  M
E  H  U  S  M  M  A  I  P  D  Y  M  Y  P
N  G  V  L  A  H  N  N  S  A  E  Y  W  E
V  L  G  I  T  G  S  S  Y  I  J  D  R  N
Q  U  J  P  O  W  B  I  Z  G  O  W  A  S
H  P  L  Y  L  Z  K  R  D  N  T  G  D  Q
M  L  N  S  M  A  D  A  R  C  H  M  I  O
N  K  M  Z  I  U  N  I  O  N  R  O  S  K
G  A  R  L  L  E  G  T  B  W  A  R  H  P
S  A  L  A  D  T  A  T  W  S  J  O  Y  V
S  B  I  G  O  G  L  Y  S  L  S  N  B  L
B  R  O  C  O  L  I  U  J  K  Y  M  O  L
```

PWMPEN	PYS
SELERI	SBIGOGLYS
ARTISIOG	SINSIR
GARLLEG	MAIP
TATWS	CIWCYMBR
EGGPLANT	RADISH
BROCOLI	SALAD
UNION	PERSLI
MORON	TOMATO
MADARCH	

27 - Exploração

```
D I M L T X L P C B P Z P J
I A C U I B Y D E W R D E R
W I M Y R M X R S L S F R L
Y T S L F Y T X V N L O Y J
L H K N O F I U L Y Z Z G V
L E G C U Y R B F V A M L G
I Y B Z A D W O W O N C O I
A A N I F E I L I A I D N W
N I D D Y S G U G W Y L L T
N E W Y D D G O W V W R Z W
A N H Y S B Y S F Y D L Y L
U B L I N D E R L O K X G Y
R D A R G A N F Y D D I A D
P E N D E R F Y N I A D G S
```

ANIFEILIAID   GOFOD
I DDYSGU   BLINDER
DEWRDER   CYFFRO
DIWYLLIANNAU   IAITH
DARGANFYDDIAD   NEWYDD
ANHYSBYS   PERYGLON
PENDERFYNIAD   GWYLLT
PELL   TIR

28 - Balé

```
A R T I S T I G G C N C C G
Z D R H Y T H M Y E P O Y O
V A Y U E E A Y N R V R M S
L W Z N O F R N U D J E E G
L N V Y U E D E L D Y O R E
J S C F H V D G L O M G A I
C W R E R J U I E R A R D D
O Y T I R J L A I I R A W D
F R H D Q D L N D A F F Y I
S R K Y M U D N F E E F A G
Z Z R J R N Y O A T R I E P
Y S T U M A I L R H C Z T H
P J L S B W U T X F E B H P
D W Y S E D D P E P A Y J K
```

CYMERADWYAETH   GOSGEIDDIG
ARTISTIG   DWYSEDD
COREOGRAFFI   CYHYRAU
DAWNSWYR   CERDDORIAETH
YMARFER   CERDDORFA
ARDDULL   GYNULLEIDFA
MYNEGIANNOL   RHYTHM
YSTUM   UNAWD

29 - Conservação

```
A C D A X N I T Y B D A N G
M Y Ŵ D P E E T C F E I A T
G N R D L C C P X H L L T K
Y A H Y A O H W Q Z L G U E
L L H S L S Y G H H E Y R R
C I I G A Y D F N A I L I L
H A N Q D S C Y L C H C O H
E D S W D T Y I L D A H L I
D W A N W E N K Y S U U D E
D Y W Z Y M E R G W Y R D D
O W D R R P F O R G A N I G
L T D S B W I X E R Z O P Z
X Y Z E T P N Q D B O S W W
S O G W I R F O D D O L W R
```

AMGYLCHEDDOL
DŴR
CYLCH
HINSAWDD
ECOSYSTEM
ADDYSG
CYNEFIN
NATURIOL
ORGANIG

PLALADDWYR
LLYGREDD
AILGYLCHU
LLEIHAU
IECHYD
CYNALIADWY
GWYRDD
GWIRFODDOLWR

30 - Adjetivos #1

```
W Z G P E R F F A I T H A T
G W E R T H F A W R R Z B F
H A R T I S T I G T W M S O
D E N I A D O L T U M G O X
A R A F D I F R I F O L L D
X X A N H R I E G S O T I G
M A W R A G D H D Y T B W R
E M N P E E P V Q A U I T E
T O S P L L W T Y W Y L L A
T D Y G G X Y E X R S V M U
I E J O N E S T R J E K N N
U R N G H R I E M X P S D I
E N F A W R G Y P H N L M O
S P D H U A R O M A T I G N
```

ABSOLIWT
AROMATIG
ARTISTIG
DENIADOL
ENFAWR
TYWYLL
EGSOTIG
TENAU
HAEL
MAWR

ONEST
UNION
PWYSIG
ARAF
DIRGEL
MODERN
PERFFAITH
TRWM
DIFRIFOL
GWERTHFAWR

31 - Insetos

```
C A C Y N E N A L D G G L T
R O T B S M N N P G S K A O
L O C U S T R R Q H C Z R C
C Q Q S M K G J A Q I F F F
H Q N W A G W E N Y N D A L
W V C F N L Y L D V R D Y A
A G M R T Z F I M V M T G D
I B I O I E Y M K A O T L Y
N G W A S Y N E I D R E Ö B
A Q L B J G P Z Q V G R Y U
C I C A D A I R X G R M N G
C H W I L E N T Y V U I B S
S I K X C M N T O F G T Y S
C H W I L E N D D U B E W E
```

GWENYN	LARFA
CHWILEN DDU	GWAS Y NEIDR
CHWILEN	MANTIS
GLÖYN BYW	GWYFYN
CICADA	PRYF
TERMITE	MOSGITO
MORGRUG	CHWAIN
LOCUST	APHID
LADYBUG	CACYNEN

32 - Paisagens

```
T R A E T H R O X P E G V W
T U N D R A I H G B B W T E
O Y Z J T B D N E O D L M R
L A N I A L W C H W F F F D
M Ô R Y K N F N O T L F H D
C G O R S D C R F J M I A O
E A L B R Y N L O W Y M F N
F B L R H A E A D R N Y O R
N T Y P E N R H Y N Y N N S
F J N S E A T S E M D Y F A
O L B S R O H A E L D D Q J
R L R K I G O B E R J D G D
D Y F F R Y N W N C F I R C
L L O S G F Y N Y D D Â D E
```

RHAEADR	MYNYDD
OGOF	WERDDON
BRYN	CEFNFOR
ANIALWCH	GORS
RHEWLIF	PENRHYN
GWLFF	TRAETH
MYNYDD IÂ	AFON
YNYS	TUNDRA
LLYN	DYFFRYN
MÔR	LLOSGFYNYDD

33 - Dança

```
A C Z N X J N E U P K S G G
E C E Y K V E I O X P Y M R
G N A L X L I C C H A M Y A
C X W D F R D G J H R U N S
J R C Q E R I U V Y T D E D
C U L K M M O C M M N I G I
L L A W E N I A O A E A I W
Y U S S R M Q T S R R D A Y
Q V U Y A Q W L G F F Y N L
S W R W D P Z X O E H F N L
E M O S I W N E E R P F O I
P D L Y B D R H Y T H M L A
C O R E O G R A F F I Z H N
T R A D D O D I A D O L W T
```

ACADEMI	MYNEGIANNOL
LLAWEN	GRAS
CELF	SYMUDIAD
CLASUROL	PARTNER
COREOGRAFFI	OSGO
CORFF	RHYTHM
DIWYLLIANT	NEIDIO
EMOSIWN	TRADDODIADOL
YMARFER	

34 - Nutrição

```
Q A T C C S P I C L O C I G
D A X H Y M R M A E T H E O
P W H W T E O X R X T S C V
M H Q E B L T A B L A S H A
G N G R W O E R O I J J Y X
W I A W Y G I C H O K U D G
E P L E S U N H Y D E I E T
N O O A N S A W D D I A C H
W C R P A H U A R E T I M H
Y U Ï P W J M E A N W L R O
N I A S G Y Y T D S A W S X
S T U S Z P S H A M P S S M
X I H Y L I F A U P E B Y W
B W Y T A D W Y U N J W W Z
```

CHWERW
ARCHWAETH
GALORÏAU
CARBOHYDRADAU
BWYTADWY
DEIET
CYTBWYS
EPLESU
HYLIFAU

SAWS
MAETH
PWYSAU
PROTEINAU
ANSAWDD
BLAS
IACH
IECHYD
GWENWYN

35 - Disciplinas Científicas

```
M A K I N E S I O L O G Y F
J L R M E T E O R O L E G F
F G G C P U E S T O X V S I
R R I E H V V E N Q D A E S
J N B P A A K I N R A H R I
Z A I V Y M E C A N E G Y O
E C O L E G N O N Z A X D L
C U C W F E I L L Y R F D E
H E E J Y P W E L E E X I G
U B M L Q G R G S R G V A Q
K B E E I W O D J H Y K E F
O D G R G C L Z Y F S P T P
B I O L E G E B R M Y X H P
L C M W Y N G L A W D D L Z
```

ARCHAEOLEG
SERYDDIAETH
BIOLEG
BIOCEMEG
KINESIOLOGY
ECOLEG
FFISIOLEG

DAEAREG
MECANEG
METEOROLEG
MWYNGLAWDD
NIWROLEG
SEICOLEG
CEMEG

36 - Meditação

```
O H C Y H U K Q E S I M C M
C S Y L W V E S M A I E A E
S E G V L M H Q O F E D R D
Y Q R O X P H Y S B R D E D
M H E D D W C H I W T Y D Y
U E M E D D W L Y Y O L I L
D H X R E O X Z N N S I G I
I O U B Z F R S A T T O R A
A B S Y W T F I U C U L W U
D S F N E L Z R A C R T Y Y
A R F E R I O N O E I E D O
N A T U R P I I V Z T D D U
E G L U R D E R V W I H E S
W Z D I O L C H G A R W C H
```

DERBYN	MEDDYLIOL
EFFRO	MEDDWL
SYLW	SYMUDIAD
CAREDIGRWYDD	CERDDORIAETH
EGLURDER	NATUR
TOSTURI	HEDDWCH
EMOSIYNAU	MEDDYLIAU
DIOLCHGARWCH	SAFBWYNT
ARFERION	OSGO

37 - Gatos

```
P E R S O N O L I A E T H Z
A H C E G K S Y J H B C R D
N E H C R A F A N C S Y D N
N L W H C V E Z M A X N B C
I W A W K Y G D O G F F W R
B Y R I W Y S Y A H A F J A
Y R E L P A W G T F W O I Z
N D U F S B C M U G E N D Y
N A S R W G W O F V K D R U
O G W Y I C W I A C Q A D Z
L Y G D L L L Y G O D E N X
Z G O I Z X I R L A G J C Y
M J F G O T L P I L B X S T
Q Q J F S E X W M H T Y A Y
```

CHWAREUS
HELWYR
CYNFFON
CHWILFRYDIG
CYSGU
EDAFEDD
CRAFANC
ANNIBYNNOL

CRAZY
LLYGODEN
PAW
FFWR
PERSONOLIAETH
GWYLLT
SWIL

38 - Artes Visuais

```
C Y F A N S O D D I A D R F
G L N P S O C P K L T F P F
Z J C E R A M E G N U O E B
F C W Y R Y D N R E B X N S
X F P H N M R S S F R N S A
Q P O C L A I A O I L R I F
X X E T S R K E Z X A U L B
Z M P P O R T R E A D L N W
V L I R T G L N D Z F H C Y
P E N Q H U R Ï Z M F B I N
F A R N A I S A R T I S T T
F T M B X R N E F Q L B F S
C A M P W A I T H F M I L T
Z K R V H T S H V I T C Q L
```

CLAI	FFILM
PENSAERNÏAETH	FFOTOGRAFF
ARTIST	SIALC
PEN	PENSIL
CWYR	CAMPWAITH
CERAMEG	SAFBWYNT
CYFANSODDIAD	PORTREAD
CERFLUN	FARNAIS

39 - Instrumentos Musicais

```
C  T  U  S  E  I  I  Z  M  Z  G  B  B  Y
A  W  S  T  J  X  R  U  A  D  I  E  I  C
K  S  J  A  G  O  N  G  R  R  T  R  E  A
N  L  A  M  U  O  B  O  I  W  Â  I  R  Z
I  O  P  B  O  X  R  L  M  M  R  T  M  F
L  M  B  W  M  C  L  N  B  A  S  W  N  F
U  F  E  R  A  L  A  R  A  A  C  H  N  I
U  F  Q  Î  C  A  Q  G  K  R  N  M  C  D
P  L  I  N  T  R  O  M  B  Ô  N  J  R  I
V  I  E  H  H  I  T  E  L  Y  N  I  O  L
N  W  A  B  N  N  M  A  N  D  O  L  I  N
Z  T  Z  N  Y  É  K  I  Q  O  O  F  T  G
R  O  W  D  O  T  M  J  H  K  X  U  J  V
Z  S  S  A  C  S  O  F  F  O  N  C  M  S
```

MANDOLIN	TAMBWRÎN
BANJO	PIANO
CLARINÉT	SACSOFFON
BASWN	DRWM
FFLIWT	TROMBÔN
GONG	UTGORN
TELYN	GITÂR
MARIMBA	FFIDIL
OBO	

40 - Escola #1

```
A  L  F  F  R  I  N  D  I  A  U  L  W  F
T  M  L  L  Z  Z  J  E  Y  O  I  L  I  F
H  A  E  Y  H  C  Z  S  A  X  D  Y  J  O
R  T  I  C  F  C  E  G  R  A  D  F  X  L
O  H  B  W  M  R  O  O  H  Z  Y  R  W  D
C  I  N  I  O  H  A  R  O  F  S  G  Y  E
V  A  Q  S  K  I  T  U  L  E  G  E  D  R
Q  A  D  P  G  F  R  U  I  A  U  L  D  I
P  T  J  E  P  A  Z  H  A  T  N  L  O  E
A  E  V  N  I  U  U  U  D  V  W  N  R  H
P  B  X  S  B  R  A  F  A  J  W  V  A  Z
U  I  G  I  C  U  Y  E  U  K  Z  I  G  U
R  O  A  L  F  S  E  D  Z  K  W  E  V  Z
Z  N  I  K  T  J  O  J  D  S  T  G  U  N
```

WYDDOR	LLYFRAU
CINIO	MATH
FFRINDIAU	DESG
I DDYSGU	RHIFAU
LLYFRGELL	PAPUR
CADEIRYDD	FFOLDERI
CORLANNAU	ATHRO
ARHOLIADAU	CWIS
PENSIL	ATEBION

41 - Adjetivos #2

```
S G Y C L N O S A X Y D X D
Y Y Z C L A H A A T C I Z I
F Q C P Z T Y R S K X S X D
V A T H U U L U D P F G V D
C Y N H Y R C H I O L R D O
C R E A D I G O L E P I E R
H A L L T O Z S Y T N F G O
G K G W Y L L T S H E I F L
D C Y F R I F O L T W A A E
A C R Y F A R I R M Y D L N
W Y R N M C H U A L D O C W
N E I R M H C A I N D L H O
U A R F E R O L L G L U H G
S C K K H Z M W M F F Q W H
```

DILYS
CREADIGOL
DISGRIFIADOL
DAWNUS
CAIN
ENWOG
CRYF
DIDDOROL
NATURIOL
ARFEROL

NEWYDD
FALCH
CYNHYRCHIOL
PUR
POETH
CYFRIFOL
HALLT
IACH
SYCH
GWYLLT

42 - Roupas

```
A D G W I S G U L K O J L Z
D E Q S S A F T K F Q G O W
N O E M D N F S S I A C E D
A P S S H A G F Z G M U R P
B Q A A B U W F F F E D O G
O J Î N S R R A R X N R F C
D P M D T F E S Y Q I V T H
C Y Q A E S G I D G G D U W
R J R L O M Y W C Ô T J I Y
Y A O A O D S N K H H E T S
S M F U A W E D R F L H G W
M A B L O W S M N F A E D R
D S W H N K E J E H B A D P
X D X J N Y Z B U C L A E A
```

FFEDOG
BLOWS
PANTS
CRYS
CÔT
HET
GWREGYS
ADNABOD
SIACED
JÎNS

MENIG
SANAU
FFASIWN
PYJAMAS
BREICHLED
SGERT
SANDALAU
ESGID
CHWYSWR
GWISG

43 - Herbalismo

```
A F P R F W K J G Z C R C M
R P E R S L I D A M B H O O
O L A F A N T R R G L O R M
M A R J O R A M L B A S I L
A N F S C D J B L B S M A T
T H F A O J N U E L J A N A
I I E I N D R V G O T R D R
G G N M L S I C Q D L G E A
A I I Z Y T A S R Y Y I R G
R O G E I J B W N N F T K O
D N L S S K B U D D I O L N
D S A F F R W M Q D O V T P
U N C C Y N H W Y S I O N D
X W F T E I M G W Y R D D X
```

SAFFRWM   GARDD
RHOSMAR   LAFANT
GARLLEG   BASIL
AROMATIG   MARJORAM
BUDDIOL   PLANHIGION
CORIANDER   ANSAWDD
TARAGON   BLAS
BLODYN   PERSLI
FFENIGL   TEIM
CYNHWYSION   GWYRDD

44 - Férias #1

```
L N U B F G S T O C Y N O T
B L S N V Y A R U M E Z W W
B I Y R Y M L A C I O R Y R
A O V N E C Y M Y X Y B A I
C M Y M B A R É L B M O M S
K R S D T O L L A U A B G T
P A S E A W Y R E N D W U I
A E A K R K Y X C D A R E A
C A R O G L S C Ê S W I D I
K D I A U T E A V A I Z D D
B L A M Z A J N U J A D F I
Z X N I R P J V R L D K A F
T N X Q T Y G P C T C G S M
R U N F Z H U C A U G I B T
```

TOLLAU	LLYN
AWYREN	CÊS
TOCYN	BACKPACK
TRAM	ARIAN
CAR	AMGUEDDFA
DAITH	YMADAWIAD
YMBARÉL	YMLACIO
AMSERLEN	TWRISTIAID

45 - Frutas

```
P L B B R I C Y L L I V E C
C E N L I N X T T M A N G O
N B A N A N A M T U F D M H
F W C C P C E I R I O S A L
Y O N J H W K B O H C T F W
G L R K L J B B A F A L O B
E K F N W W B C E C D E N A
L L E M O N U K W R O R E N
L G R A W N W I N F R S I B
Y O F L K U F S C F Z Y N G
G U A V A P A P A I A E T H
A E R O N R T L L G W Q T Z
N E C T A R I N E W Y I S J
I C N A U C O C O Y V M E D
```

AFOCADO	CIWI
BLACKBERRY	OREN
AERON	LEMON
BANANA	AFAL
CEIRIOS	PAPAIA
CNAU COCO	MANGO
BRICYLL	NECTARINE
FFIG	GELLYG
MAFON	PEACH
GUAVA	GRAWNWIN

46 - Corpo Humano

```
G  G  Ê  V  U  P  B  K  X  F  T  N  Q  F
W  W  N  P  H  S  E  S  Y  F  R  M  G  F
A  D  E  K  T  J  P  N  Y  Ê  W  T  V  K
E  D  C  F  R  R  E  H  G  R  Y  Y  P  K
D  F  H  X  U  Y  N  P  I  L  N  M  W  P
F  A  C  X  K  S  G  K  E  L  I  E  O  Z
D  L  J  Q  D  G  A  E  B  Y  S  N  F  V
F  F  M  W  P  W  G  U  G  G  P  N  R  F
M  L  W  P  E  Y  M  L  L  A  W  Y  S  O
C  R  O  E  N  D  A  D  Q  D  C  D  R  Y
O  S  W  M  E  D  W  D  Z  I  X  D  Y  Y
E  Y  R  H  L  R  T  A  L  C  E  N  T  U
S  G  P  X  I  C  L  U  S  T  Z  J  R  L
X  Y  I  F  N  O  T  G  A  L  O  N  F  G
```

GEG	LLYGAD
PEN	YSGWYDD
YMENNYDD	CLUST
GALON	CROEN
PENELIN	COES
BYS	GWDDF
PEN-GLIN	ÊN
GWEFUSAU	GWAED
LLAW	TALCEN
TRWYN	FFÊR

47 - Restaurante #1

```
C I G X H K S N A E P C C U
E Y E W U G G U G W Y Y E B
G C N A P C Y N J A W L D P
I Y A H O B G P A Z D L K L
N W L G W E I N Y D D E S Â
B I E N H Y A R I A N L J T
A Â R I J D S B E I S L Y D
R R G J U K A I P W D I N E
A N E C A S W F O Y Y Y X W
A D D O R K S P J N Z Q G I
V M D F W V H O Q H V Q E S
L I B F M C K R G O Q A D L
N J G I L L A I N U G G J E
B O W L R V S K D Y F J Y N
```

ALERGEDD	CYNHWYSION
COFFI	DEWISLEN
ARIAN	SAWS
CIG	BARA
CEGIN	SBEISLYD
CYLLELL	PLÂT
CYW IÂR	LLAIN
GWEINYDDES	PWDIN
NAPCYN	BOWL

48 - Caminhada

```
U  P  C  U  D  Ŵ  R  T  H  A  U  L  H  L
O  E  E  Z  J  I  H  Y  B  N  Z  U  I  E
G  R  R  Y  U  N  T  W  N  I  Z  U  N  S
W  Y  R  L  R  H  Y  Y  R  F  Y  C  S  G
Y  G  I  W  Q  M  P  D  U  E  C  C  A  I
L  L  G  S  O  H  A  D  M  I  F  P  W  D
L  O  C  G  W  E  R  S  Y  L  L  A  D  I
T  N  E  N  I  E  A  B  N  I  I  R  D  A
R  J  S  D  I  M  T  H  Y  A  N  C  V  U
W  Y  M  H  I  L  O  E  D  I  E  I  J  L
M  A  P  H  D  G  I  T  D  D  A  K  E
C  Y  F  E  I  R  I  A  D  N  I  U  N  A
C  L  O  G  W  Y  N  C  H  P  G  Y  T  W
V  Q  M  O  S  N  A  T  U  R  K  W  I  J
```

GWERSYLLA	PARCIAU
ANIFEILIAID	CERRIG
DŴR	CLOGWYN
ESGIDIAU	PERYGLON
FLINEDIG	TRWM
HINSAWDD	PARATOI
MAP	GWYLLT
MYNYDD	HAUL
NATUR	TYWYDD
CYFEIRIAD	

49 - Água

```
L  D  M  I  N  X  J  C  C  R  W  K  R  G
T  L  Y  Â  O  Y  R  W  O  H  B  X  X  M
O  L  E  F  L  L  Y  N  R  E  A  K  Q  O
N  I  S  I  R  M  T  V  W  W  A  F  O  N
N  F  T  G  T  H  C  M  Y  U  W  R  W  S
A  O  Ê  N  O  H  A  C  N  K  H  F  L  Ŵ
U  G  M  N  Z  C  D  U  T  F  K  J  C  N
M  Y  B  Y  W  Y  F  E  D  G  V  B  C  G
Ô  D  B  V  O  N  I  F  R  E  I  R  A  U
R  D  G  A  N  W  E  D  D  I  A  D  W  S
Y  K  V  L  U  H  Y  V  Z  L  X  T  O  S
T  D  S  A  A  O  A  C  R  W  L  U  D  E
F  W  J  O  X  W  A  W  G  K  A  M  U  F
R  P  E  B  C  U  T  Q  S  X  Y  N  L  Z
```

GLAW	MONSŴN
CAWOD	EIRA
ANWEDDIAD	MÔR
CORWYNT	TONNAU
RHEW	YFED
IÂ	AFON
LLIFOGYDD	LLEITHDER
DYFRHAU	STÊM
LLYN	

50 - Ecologia

```
F Y T L H G B Y D E A N G C
N A T U R I O L M D V K N Y
D T B P L A N H I G I O N N
G M O R O L T S L P P J Z E
Y G C Y N A L I A D W Y H F
C Y M U N E D A U W P D Q I
G O R O E S I Q U Q D Z N N
N A T U R X T I G D V D V Q
F F A W N A D N O D D A U U
F Z N R I B S L R C F A E E
M L H Y O F H C S I A B P H
Z G O L L Y S T Y F I A N T
C A M R Y W I A E T H G U O
T L J I A Z R S Y C H D E R
```

HINSAWDD	NATUR
CYMUNEDAU	GORS
AMRYWIAETH	PLANHIGION
FFAWNA	ADNODDAU
FLORA	SYCHDER
BYD-EANG	GOROESI
CYNEFIN	CYNALIADWY
MOROL	LLYSTYFIANT
NATURIOL	

51 - Família

```
P  W  K  O  I  G  N  I  T  H  H  M  R  H
G  L  L  C  B  R  A  W  D  S  Y  F  Z  E
G  G  A  A  L  C  I  F  S  Q  N  A  I  W
P  L  E  N  T  Y  N  D  O  D  A  M  Q  Y
P  S  G  O  T  A  D  M  Y  P  F  O  K  T
K  K  G  M  A  M  A  U  O  C  I  D  T  H
U  H  V  C  E  F  N  D  E  R  A  R  G  R
C  H  N  G  W  R  A  I  G  I  D  Y  C  V
Q  A  C  J  T  T  C  C  T  D  P  B  L  R
P  L  E  N  T  Y  N  H  T  A  D  E  S  V
G  J  M  T  F  N  D  W  A  M  D  X  N  H
Ŵ  Y  R  C  M  J  F  A  I  F  J  O  G  K
R  A  J  Q  O  P  M  E  D  A  H  G  L  R
E  N  W  F  P  C  F  R  K  O  F  B  N  A
```

HYNAFIAD	MAMAU
NAIN	FAM
PLENTYN	ŴYR
PLANT	TAD
GWRAIG	TADOL
MERCH	CEFNDER
PLENTYNDOD	NITH
CHWAER	NAI
BRAWD	MODRYB
GŴR	EWYTHR

52 - Férias #2

```
B V L Q N P Z N Q A V F F Q
E S T R O N A G W Y L I A U
N I Y Y H T P B V P W S W G
B M Y N Y D D O E D D A M G
A W N T B T Q H L L C X A W
G D Y S S T B C A M L O P E
J N S T P A S Y A M U C E S
K U M A Y C L R M A D V J T
Z Z O I F S U C H E I D O Y
J Y M T L I H H E S A L E V
Q I M H C R B F U A N N K N
P A S B O R T A O W T M R E
L L U N I A U N N Y A S U V
T R A E T H T M Ô R O O R H
```

MAES AWYR
CYRCHFAN
ESTRON
GWYLIAU
LLUNIAU
GWESTY
YNYS
HAMDDEN
MAP
MÔR

MYNYDDOEDD
PASBORT
TRAETH
AMHEUON
BWYTY
TACSI
PABELL
CLUDIANT
TAITH
FISA

53 - Edifícios

```
C Y I Q G W E S T Y L A R S
J A S A U R Y T H E A T R H
Z V B G W P S A W C B Z N E
D M K A O X G D K R O S F O
J G D W N L U I F S R R F D
G A R E J D B W C S D S E R
P A B E L L O M Y I Y J R V
A R C H F A R C H N A D M D
M W S V C A M G U E D D F A
Y S B Y T Y B I E M R F F Y
P R I F Y S G O L A Z F A Q
L J R J K N L J Z F P L T K
C A S T E L L O O P A A R E
A R S Y L L F A N A T T I S
```

FFLAT	YSBYTY
CABAN	GWESTY
CASTELL	LABORDY
YSGUBOR	AMGUEDDFA
SINEMA	ARSYLLFA
YSGOL	ARCHFARCHNAD
STADIWM	THEATR
FFERM	PABELL
FFATRI	TWR
GAREJ	PRIFYSGOL

54 - Praia

```
S K O J C Q P T Y W E L R F
A N E Z R E C Y N M M Y K D
S H K F A X P W Y V U G O R
S Y A S N T W O S H H B Q P
Y K E U C K H D O C G V B P
F W M X L S A N D A L A U I
C W C H H W Y L I O A N G I
A R F O R D I R X W S Z J T
O N R J A B B G A D B N I Z
C E F N F O R Y M B A R É L
C W B O U P A K Ô C U Q F A
B T C Z Y I Q K R M P H X V
V A V H P R P B T G P M S I
L A N R H G C D V V U W K T
```

TYWOD	YNYS
GLAS	MÔR
CWCH	CEFNFOR
CRANC	SANDALAU
ARFORDIR	HAUL
DOC	TYWEL
YMBARÉL	CWCH HWYLIO

55 - Xadrez

```
P W Y N T I A U A I D U J P
G O J T W R N A M A I N T P
D W Y F M A W J S A O H W O
E T Y S T R A T E G A E T H
T R M N S S D M R Z M W B T
G Y S T A D L E U A E T H X
L H I D D Y S G U D V X Q H
A L U P C B R E N I N V K E
B C E P L C H W A R A E W R
E C B T G O D D E F O L Z I
R Z Q B R E N H I N E S Q A
T P E N C A M P W R G Ê M U
H G W R T H W Y N E B Y D D
R H E O L A U S A R O K S S
```

I DDYSGU
GWYN
PENCAMPWR
GYSTADLEUAETH
HERIAU
LLETRAWS
STRATEGAETH
CHWARAEWR
GÊM
GWRTHWYNEBYDD

GODDEFOL
PWYNTIAU
DU
BRENHINES
RHEOLAU
BRENIN
ABERTH
AMSER
TWRNAMAINT

56 - Aventura

```
A  S  Z  L  H  C  G  N  E  W  Y  D  D  Z
N  Y  P  L  A  Y  W  P  I  C  H  D  W  E
H  N  A  A  R  R  E  L  L  Y  W  I  O  Q
A  D  R  W  D  C  I  O  Z  F  R  O  W  S
W  O  A  E  D  H  T  F  A  L  O  G  A  G
S  D  T  N  W  F  H  A  M  E  I  E  N  W
T  A  O  Y  C  A  G  S  O  D  F  L  A  I
E  M  I  D  H  N  A  M  K  U  L  W  R  B
R  S  O  D  K  S  R  P  Y  C  J  C  F  D
H  E  R  I  A  U  E  F  X  G  N  H  E  A
Z  R  Z  B  W  Q  D  E  W  R  D  E  R  I
U  L  M  D  R  O  D  N  A  T  U  R  O  T
P  E  R  Y  G  L  U  S  A  E  R  L  L  H
O  N  G  H  N  F  F  R  I  N  D  I  A  U
```

LLAWENYDD	AMSERLEN
FFRINDIAU	NATUR
GWEITHGAREDD	LLYWIO
HARDDWCH	NEWYDD
DEWRDER	CYFLE
HERIAU	PERYGLUS
CYRCHFAN	PARATOI
ANHAWSTER	DIOGELWCH
GWIBDAITH	SYNDOD
ANARFEROL	

57 - Surf

```
T H C A T R A E T H A M W E
X E M A B O L G A M P W R I
A P V R O J R T Y W Y D D T
C P Y D L D J F P L V A U H
H Y P D A W C E E W Y N S A
R R F U R Q E P R Y P N N F
P O B L O G A I D D D W O O
H L R L Y C V S C F R D N L
U N P T T M R C E F N F O R
I D F V B T D Y Q L O F Q V
Z O K T L O P E F A N Q Q Q
R N A D F J Q B R D O N F U
D E C H R E U W R Z E F P B
P E N C A M P W R K L R R H
```

MABOLGAMPWR   CEFNFOR
PENCAMPWR   DON
EWYN   POBLOGAIDD
ARDDULL   TRAETH
BOLA   DECHREUWR
EITHAFOL   CYFLYMDER
CRYFDER   TYWYDD
TORFEYDD

58 - Floresta Tropical

```
P  Z  A  D  B  H  G  A  S  E  Q  M  B  C
R  A  M  W  C  I  O  D  M  S  R  V  O  A
Y  D  R  M  Y  N  R  A  D  F  E  B  T  D
F  F  Y  C  N  S  O  R  K  B  G  C  A  W
E  E  W  Z  H  A  E  C  F  E  L  S  N  R
D  R  I  K  E  W  S  C  Y  I  Y  B  E  A
J  K  A  E  N  D  I  F  Y  M  D  N  G  E
D  M  E  F  I  D  B  R  C  M  U  N  O  T
K  Z  T  N  D  U  O  M  D  S  Y  N  L  H
Y  K  H  L  L  O  C  H  E  S  Z  L  E  F
M  W  S  O  G  L  G  B  N  Z  B  Z  A  D
Y  O  B  L  N  A  T  U  R  Y  J  V  G  U
Z  B  A  D  J  Y  N  G  L  G  B  G  R  P
R  H  Y  W  O  G  A  E  T  H  A  U  T  X
```

BOTANEGOL
HINSAWDD
CYMUNED
AMRYWIAETH
RHYWOGAETHAU
CYNHENID
PRYFED
MWSOGL
NATUR

CYMYLAU
ADAR
CADWRAETH
LLOCHES
PARCH
ADFER
JYNGL
GOROESI

59 - Cidade

```
J  Z  D  G  W  E  S  T  Y  F  Z  Z  B  L
W  U  W  S  T  A  D  I  W  M  X  B  H  L
A  M  G  U  E  D  D  F  A  Z  W  N  K  Y
B  R  M  A  E  S  A  W  Y  R  W  P  L  F
W  O  C  P  E  W  A  T  B  E  C  W  S  R
Y  L  X  H  S  A  L  O  N  A  Z  W  I  G
T  V  L  P  F  O  R  I  E  L  N  Y  N  E
Y  H  P  H  H  A  Z  G  Y  X  D  C  E  L
S  L  E  F  F  E  R  Y  L  L  F  A  M  L
G  D  S  A  H  N  P  C  Q  C  I  G  A  G
O  A  Q  N  T  H  K  E  H  Y  C  E  X  G
L  N  N  I  D  R  C  P  X  N  O  X  O  J
S  I  O  P  F  L  O  D  A  U  A  I  A  S
F  A  R  C  H  N  A  D  B  G  M  D  B  G
```

MAES AWYR	GWESTY
BANC	SW
LLYFRGELL	FARCHNAD
SINEMA	AMGUEDDFA
YSGOL	BECWS
STADIWM	BWYTY
FFERYLLFA	SALON
SIOP FLODAU	ARCHFARCHNAD
ORIEL	THEATR

60 - Matemática

```
D Y O A M F E S U R G P C M
A G J N R S Y S W J L E Y Q
D F V S G S I N E M Q T F D
F R N G U L P C D J M R R I
R C S W P R A D I W S Y O A
C Y C Â K R K U D D L A L M
Y F F R A C S I W N E L J E
L O H A F A L I A D F G U D
C C Y M E S U R E D D I O R
H H A Y U R G T R I O N G L
E R H I F Y D D E G H Q B S
D O P A R A L E L O G R A M
D G E O M E T R E G J M M X
P K O D L Z C P O L Y G O N
```

RHIFYDDEG	AMFESUR
ONGLAU	POLYGON
CYLCHEDD	SGWÂR
DEGOL	RADIWS
DIAMEDR	PETRYAL
HAFALIAD	CYMESUREDD
FFRACSIWN	SWM
GEOMETREG	TRIONGL
CYFOCHROG	CYFROL
PARALELOGRAM	

61 - Natureza

```
I A D A I L X W M Y K G M N
C Z Q Y A R C T I G F W Y N
C X L A N I A L W C H Y N E
A Y N Y B A C E V H A L Y K
G C M J D I M D M L R L D T
B G O Y Z T V I D I D T D R
O J L E L E H V G R D A O O
N I W L D A G V W E W J E F
H V I C W W U A E A C T D A
N T M M M M I T N F H A D N
R H E W L I F G Y O L W D N
Q C Y S E G R N N J E R O
A N I F E I L I A I D L I L
J H E D D Y C H L O N M P K
```

GWENYN	MYNYDDOEDD
ANIFEILIAID	NIWL
ARCTIG	CYMYLAU
HARDDWCH	HEDDYCHLON
ANIALWCH	AFON
DYNAMIG	CYSEGR
COEDWIG	GWYLLT
DAIL	TAWEL
RHEWLIF	TROFANNOL

62 - Preencher

```
N F T K E T V W W M P B K F
W N M T F Y O J I H B O B F
C H M A R L L Z P O C E D O
G A S G E N D S E J Ê E T L
M T B B V B L W C H S J I D
O U P A W F A T Y A L B W E
T G M W S C E P N M C A B R
A M L E N G E D Y B T G S P
B M Q A A R E D J W P A N P
D E G A P V J D C R U W E O
M R B A S N A R Q D S A Q T
Y S Ô A X W R C J D T L H E
S K S R L A V A S E D C T L
F Z C X Y P G B S E X L V T
```

BASN	DRÔR
BWCED	JAR
HAMBWRDD	CÊS
GASGEN	PECYN
POCED	FFOLDER
BLWCH	BAG
BASGED	TIWB
AMLEN	VASE
POTEL	

63 - Animais de Estimação

```
Z  Y  L  O  Z  H  U  N  O  B  O  C  C  M
L  L  Y  G  O  D  E  N  N  A  F  O  A  I
C  R  W  B  A  N  V  Q  C  T  O  L  T  L
C  Y  H  P  Y  S  G  O  D  Ŵ  R  E  H  F
J  Ŵ  N  A  N  Z  A  A  S  M  X  R  M  E
L  I  N  F  M  K  F  E  G  R  R  X  A  D
C  B  A  B  F  S  R  I  H  Q  D  B  D  D
W  Y  O  I  A  O  T  Z  E  X  W  Z  F  Y
N  O  D  C  I  C  N  E  M  I  W  V  A  G
I  T  W  I  I  I  H  Q  R  L  B  B  L  P
N  F  B  C  R  A  F  A  N  G  A  U  L  A
G  Y  D  Y  Q  B  O  A  S  S  I  W  A  R
E  R  I  L  L  V  Y  H  H  B  K  C  Q  O
N  T  Q  B  E  E  E  O  F  R  N  H  E  T
```

DŴR	HAMSTER
GAFR	MADFALL
CŴN BACH	LLYGODEN
CYNFFON	PAROT
CI	PYSGOD
CWNINGEN	CRWBAN
COLER	BUWCH
CRAFANGAU	MILFEDDYG
CATH	

64 - Escalada

```
C C A N L L A W I A U D T H
A H E L M E N I G E C S I E
L I W Q Y O E M A P H A R I
F T B I L G W S V N D R V C
V N E B L O C P G S E B O I
F W U Q C F O H S I R E A O
M M N N U F R O U D D N S F
M V F L L X F Y U A M I S S
H E R I A U F D D R Z G A T
C Z U M R X O D F E G W D U
N A Q L L Z R Y O A D R M A
S E F Y D L O G R W Y D D B
Q H B L D A L C R Y F D E R
A W Y R G Y L C H K G J H U
```

UCHDER	SEFYDLOGRWYDD
AWYRGYLCH	CUL
ESGIDIAU	CORFFOROL
HEICIO	CRYFDER
HELM	CANLLAWIAU
OGOF	MENIG
CHWILFRYDEDD	MAP
HERIAU	TIR
ARBENIGWR	

65 - Aviões

```
D A V C N B P C R I W W V T
I H N B K X T Y W Y D D B E
S D M T X A G F Z W U B B I
G O P K U P P E I R I A N T
Y L Z C Y R T I R B Z L H H
N P Y H R E Z R X Z P Ŵ Z W
I E J W Q I U I K R I N X Y
A I N Y I O H A N E S H N R
D L U D X O A D E I L A D U
B O C D T A N W Y D D O F R
B T H O B W B C Y N N W R F
N X D G L A N I O R J V J U
C H E H Y D R O G E N F G D
R G R A W Y R G Y L C H T Q
```

UCHDER   HYDROGEN
GLANIO   HANES
AWYRGYLCH   CHWYDDO
ANTUR   PEIRIANT
BALŴN   LYWIO
AWYR   TEITHWYR
TANWYDD   PEILOT
ADEILADU   TYWYDD
DISGYNIAD   CRIW
CYFEIRIAD   CYNNWRF

66 - Tipos de Cabelo

```
F  B  O  J  D  I  C  Z  V  A  W  C  R  J
O  L  H  U  L  N  F  B  J  A  G  Y  R  X
N  E  P  L  E  T  H  E  D  I  G  R  Y  N
X  T  A  K  B  S  R  G  F  Y  Z  L  Y  R
H  H  J  M  L  G  C  W  Z  H  O  I  F  M
M  I  G  P  O  L  U  Y  C  B  R  O  W  N
E  Y  X  E  N  R  N  C  H  V  G  U  V
D  T  B  L  D  I  L  B  Y  R  U  B  V  G
D  E  F  L  Y  N  S  Y  C  H  E  S  O  B
A  N  K  I  E  I  P  Y  C  I  K  Z  R  Z
L  A  S  W  F  O  A  P  D  R  E  S  P  V
F  U  L  X  R  G  I  C  K  N  K  X  O  Z
L  L  W  Y  D  Y  P  X  H  A  R  I  A  N
Q  A  C  X  U  L  Q  N  H  M  K  X  F  N
```

GWYN	BLOND
SGLEINIOG	HIR
CURLS	BROWN
MOEL	ARIAN
LLWYD	DU
LLIW	IACH
BYR	SYCH
CYRLIOG	MEDDAL
TENAU	PLETHEDIG
TRWCHUS	BLETHI

67 - Formas

```
H W G G M X Q Z I M H R A G
Y C R W A F X U J W O I S P
P R O C H R T R I O N G L Y
E J M F P Z I Q T R C L H B
R D L L I N E L L E L I P S
B S I L I N D R A L E K C G
O P N A P H I R G R W N Y W
L L E T I M D F R R C F L Â
A I Q T P P O L Y G O N C R
J O X M R Y C O R N E L H W
F Q R I I Y L X C Ô N H U X
D E R C S Z A Q I K N R I R
P Y R A M I D L W Y H T N X
A W C F Q Y H J B Y M E V F
```

ARC	OCHR
CORNEL	LLINELL
SILINDR	HIRGRWN
CYLCH	PYRAMID
CÔN	POLYGON
CIWB	PRISM
GROMLIN	SGWÂR
ELIPS	PETRYAL
HYPERBOLA	TRIONGL

68 - Dias e Meses

```
D  R  H  A  G  F  Y  R  W  O  E  F  L  C
Y  Y  P  W  A  W  S  T  Y  P  B  P  Z  H
D  Y  D  D  M  A  W  R  T  H  R  I  O  W
D  H  F  D  P  N  K  B  H  V  I  I  B  E
G  N  D  D  S  X  C  T  N  Q  L  Y  N  F
W  I  F  Y  P  U  A  I  O  X  L  T  V  R
E  M  U  D  O  Q  L  N  S  Q  K  E  A  O
N  H  M  D  P  M  E  D  I  O  N  A  W  R
E  Y  E  S  U  I  N  D  Y  D  D  I  A  U
R  D  H  A  A  S  D  E  L  B  P  F  N  N
T  R  E  D  G  O  R  F  F  E  N  N  A  F
P  E  F  W  D  Y  D  D  L  L  U  N  S  K
Y  F  I  R  B  L  W  Y  D  D  Y  N  O  D
Y  U  N  N  T  A  C  H  W  E  D  D  T  H
```

EBRILL	MIS
AWST	TACHWEDD
BLWYDDYN	HYDREF
CALENDR	DYDD IAU
RHAGFYR	DYDD SADWRN
DYDD SUL	DYDD LLUN
CHWEFROR	WYTHNOS
IONAWR	MEDI
GORFFENNAF	DYDD GWENER
MEHEFIN	DYDD MAWRTH

69 - Geografia

```
U D C N Q A V S M O C G K L
D I N A S F V M I C Y O M L
E B Y D F O O M A D F R E E
R Q C T M N J Ô R P A L R D
H G W L A D M R H M N L I R
A C V Q P T I Y A F D E D E
W Y G T Y J O N N L I W I D
U Y O Y N Y U H B Y R I A A
D C E F N F O R A N D N N T
G E H W N R X P R Y I D Z L
Y D G D U Q M B T S Y E E A
G O G L E D D M H C J S I S
K P I T I R I O G A E T H H
H E M I S F F E R Q J X K B
```

UCHDER	MYNYDD
ATLAS	BYD
DINAS	GOGLEDD
CYFANDIR	CEFNFOR
HEMISFFER	GORLLEWIN
YNYS	GWLAD
LLEDRED	RHANBARTH
MAP	AFON
MÔR	DE
MERIDIAN	TIRIOGAETH

70 - Antártica

```
D A I T H P E N R H Y N C T
Ŵ K T P G W Y D D O N O L Y
R A Y E S Y N Y S O E D D R
C C M N Y M C H W I L Y D D
R A H G Z E Z M Z Y N A Z C
E D E W Y B A E R O H H D O
I W R I M L M O R F I L O D
G R E N C W C Y F A N D I R
I A D I B X Y H D K E R I C
O E D A Â X Y N E B W I E E
G T Y I C T Z P A D M U D O
S H V D V F D R Z U D W C S
R H E W L I F O E D D B F Q
D A E A R Y D D I A E T H O
```

AMGYLCHEDD
DŴR
BAE
MORFILOD
GWYDDONOL
CADWRAETH
CYFANDIR
DAITH
RHEWLIFOEDD
IÂ

DAEARYDDIAETH
YNYSOEDD
YMCHWILYDD
MUDO
MWYNAU
PENRHYN
PENGWINIAID
CREIGIOG
TYMHEREDD

71 - Flores

```
G  K  Y  K  P  T  U  D  V  C  R  G  Y  P
P  A  L  D  A  U  E  K  W  B  D  A  T  L
D  E  X  B  B  S  B  G  D  F  D  R  I  U
A  H  T  J  I  W  C  U  E  C  F  D  W  M
N  W  R  A  N  F  B  P  H  I  N  E  L  E
T  C  A  S  L  I  L  Y  T  P  R  N  I  R
Y  P  W  M  A  G  N  O  L  I  A  I  P  I
L  V  G  I  B  S  E  L  H  R  L  A  A  A
L  G  K  N  E  A  F  E  H  H  C  M  T  N
E  P  S  E  V  X  L  L  Y  O  V  Q  P  O
W  M  E  I  L  L  I  O  N  S  U  N  Y  R
E  O  G  O  W  R  F  G  D  Y  C  I  M  R
L  A  F  A  N  T  E  W  L  N  M  R  H  M
B  I  R  L  L  Y  G  A  D  Y  D  Y  D  D
```

TUSW	TEGEIRIAN
DANT Y LLEW	PABI
GARDENIA	PEONY
JASMINE	PETAL
LAFANT	PLUMERIA
LELOG	RHOSYN
LILY	MEILLION
MAGNOLIA	TIWLIP
LLYGAD Y DYDD	

72 - Fazenda #1

```
N P M Ê L X X S X Q W L Z Z
Z J O U F N K M E M Q R U E
H N C I J M O A W M G M R U
G X H G D F F E N S A S Y N
G H Y W R G V S L C F R Â N
T P N R C Y W I Â R R G J X
D I O T D C I A Y A S Q W G
C U R A Ŵ N D D I A D E L L
E A T I R C D I G R Z Y N D
F K T T B U W C H Q H U N Q
F L F H D X R E I S J E R X
Y L F X T J G W E N Y N E R
L O Z X V Q P S W X N D C Q
U A C C J R F Q L Q L H I M
```

GWENYN
REIS
DŴR
LLO
ASYN
GAFR
MAES
CEFFYL
CI
FFENS

FRÂN
GWAIR
GWRTAITH
CYW IÂR
CATH
MÊL
MOCHYN
DDIADELL
TIR
BUWCH

73 - Livros

```
L  C  T  T  R  A  S  I  G  G  P  B  B  B
L  B  Y  U  T  C  J  F  G  Z  Y  U  A  M
E  T  B  F  D  I  S  U  U  S  X  D  R  V
N  E  Y  W  R  A  J  G  M  T  C  D  D  E
Y  R  P  Z  B  E  L  F  V  O  D  S  D  A
D  C  E  R  D  D  S  E  V  R  A  O  O  C
D  H  V  P  J  H  S  I  N  I  R  D  N  Y
O  H  A  N  E  S  Y  D  D  O  L  D  I  D
L  H  I  O  P  W  C  A  S  G  L  I  A  D
Y  F  P  F  I  H  F  N  T  T  E  M  E  E
G  N  N  E  G  X  B  T  O  G  N  Q  T  S
A  R  V  L  N  V  T  U  M  I  Y  T  H  T
A  W  D  U  R  A  D  R  O  D  D  W  R  U
P  E  R  T  H  N  A  S  O  L  D  N  K  N
```

AWDUR	LLENYDDOL
ANTUR	ADRODDWR
CASGLIAD	TUDALEN
CYD-DESTUN	CERDD
EPIG	BARDDONIAETH
STORI	PERTHNASOL
HANESYDDOL	NOFEL
BUDDSODDI	CYFRES
DARLLENYDD	TRASIG

74 - Chocolate

```
G A V E G S O T I G Y H C T
W W R C N A U C O C O O A U
P S R O L B L A S U S F R X
N L W T G E P O W D R F A Y
P D A A H L K Z R J V I M C
H J G M N O S A S Ï L W E R
L W N E J Y C R N G A W L E
F F B L A S H S R A M U O F
A U Q Y S Q W I I R V F G F
R V I S U W E W G D T L T T
C A C A O S R G U G I B X W
R Y S Á I T W R Z Z N O K Y
C Y N H W Y S I O N K S L R
Y K V Y D A N S A W D D Y Q
```

SIWGR	BLASUS
CHWERW	MELYS
GWRTHOCSIDIOL	EGSOTIG
AROGL	HOFF
CREFFTWYR	BLAS
CACAO	CYNHWYSION
GALORÏAU	POWDR
CARAMEL	ANSAWDD
CNAU COCO	RYSÁIT

75 - Profissões #2

```
P  G  Y  A  T  A  F  G  K  A  D  N  F  R
E  A  M  T  D  T  F  J  O  U  N  E  Y  C
I  R  C  H  I  H  O  A  W  F  Y  W  L  P
N  D  H  R  T  R  J  B  F  O  Y  L  F
T  D  W  O  E  O  O  I  W  H  B  D  A  F
I  W  I  N  C  P  G  E  P  D  I  D  W  E
W  R  L  Y  T  E  R  I  P  A  O  I  F  R
R  M  Y  D  I  I  A  T  A  R  L  A  E  M
A  E  D  D  F  L  F  H  S  L  E  D  D  W
E  D  D  D  N  O  F  Y  I  U  G  U  D  R
T  D  E  I  N  T  Y  D  D  N  Y  R  Y  I
Q  Y  E  J  V  R  D  D  G  Y  D  W  G  C
G  G  P  M  B  I  D  U  H  D  D  R  R  U
D  Y  F  E  I  S  I  W  R  D  I  R  U  R
```

FFERMWR	DYFEISIWR
GOFODWR	YMCHWILYDD
BIOLEGYDD	GARDDWR
LLAWFEDDYG	NEWYDDIADURWR
DEINTYDD	IEITHYDD
DITECTIF	MEDDYG
ATHRONYDD	PEILOT
FFOTOGRAFFYDD	PEINTIWR
DARLUNYDD	ATHRO

76 - Fazenda #2

```
D G X L Z C A C H X E N B A
F Y G W E N I T H D U Q E N
I F F N T I G G U D Ô L R I
H E E R C O R N O F A L L F
H H C R H L A M A E S A L E
W A L V M A N F E H N E A I
Y I W T H W U A D O V T N L
A D Y X L D R E D Y J H M I
D D B U G A I L F E T K V A
E T R A C T O R E R E E L I
N Q X E C G W Y D D A U F D
Z Y S G U B O R F X C F R K
F F R W Y T H F D E F A I D
T Y M L O L L Y S I A U B D
```

FFERMWR
ANIFEILIAID
YSGUBOR
HAIDD
CIG OEN
FFRWYTH
GWYDDAU
DYFRHAU
LLAETH
LAMA

AEDDFED
CORN
DEFAID
BUGAIL
HWYADEN
BERLLAN
DÔL
TRACTOR
GWENITH
LLYSIAU

77 - Jardim

```
P  F  X  B  A  J  T  L  B  Q  N  Y  M  B
I  R  E  P  K  C  F  I  P  L  F  Z  P  R
B  H  I  L  K  O  C  W  U  A  O  P  V  J
E  A  Q  D  E  E  Z  J  E  W  G  D  V  O
L  W  J  N  D  D  M  V  O  N  A  P  Y  J
L  F  F  E  N  S  L  T  W  T  R  W  V  N
Q  B  P  U  G  A  R  E  J  R  D  L  N  L
Q  U  U  R  S  J  R  R  B  X  D  L  U  L
C  P  Q  B  U  L  H  A  M  M  O  C  K  W
X  H  H  N  G  L  A  S  W  E  L  L  T  Y
J  K  W  A  W  G  C  Y  N  T  E  D  D  N
Z  G  Y  Y  G  M  A  I  N  C  Q  M  A  X
G  Y  U  T  N  T  R  A  M  P  O  L  Î  N
R  S  R  X  W  I  N  W  Y  D  D  U  Q  I
```

RHACA	GARDD
LLWYN	PWLL
COED	HAMMOCK
MAINC	PIBELL
FFENS	RHAW
CHWYN	PRIDD
BLODYN	TERAS
GAREJ	TRAMPOLÎN
GLASWELLT	CYNTEDD
LAWNT	WINWYDD

78 - Oceano

```
Z  B  U  Q  O  T  X  Y  N  B  C  W  C  H
L  D  O  L  F  F  I  N  O  V  M  Y  Y  E
O  C  T  O  P  W  S  W  K  Q  O  S  U  U
L  B  E  R  D  Y  S  P  N  W  R  T  S  A
E  L  N  C  M  I  X  S  O  A  F  R  I  P
W  R  A  U  K  G  M  Q  D  Q  I  Y  A  L
A  Z  Q  N  U  O  B  X  D  P  L  S  R  X
T  W  J  K  W  J  H  A  I  Y  P  T  C  T
O  Z  X  I  I  A  A  S  F  S  V  W  J  O
N  I  C  W  R  E  L  E  T  G  I  S  F  W
N  G  R  S  G  L  E  F  R  O  D  M  Ô  R
A  T  A  D  B  A  N  N  Y  D  R  K  N  O
U  W  N  L  L  Y  S  Y  W  O  D  M  Z  M
Q  X  C  R  W  B  A  N  G  W  Y  M  O  N
```

GWYMON	LLANW
TIWNA	SGLEFROD MÔR
MORFIL	TONNAU
CWCH	WYSTRYS
BERDYS	PYSGOD
CRANC	OCTOPWS
CWREL	HALEN
LLYSYWOD	CRWBAN
NODDI	STORM
DOLFFIN	SIARC

79 - Profissões #1

```
G D G E M Y D D Z P D R X H
O A R T I S T J I L A K O M
L W K A W A P Z Z Y E W X B
Y N Y R S M E A V M A E E A
G S D I F F O D D W R T Â N
Y I P P F W U R M R E H P C
D W S E R Y D D W R G E I I
D R U G G I B A J R W L A W
C E R D D O R M E S R W N R
C Y F R E I T H I W R Y Y B
C A R T O G R A P H E R D J
S E I C O L E G Y D D Q D C
A H C U L L Y S G E N N A D
G W Y D D O N Y D D W J N Q
```

CYFREITHIWR	LLYSGENNAD
ARTIST	PLYMWR
SERYDDWR	NYRS
BANCIWR	DAEAREGWR
DIFFODDWR TÂN	GEMYDD
HELWYR	MORWR
CARTOGRAPHER	CERDDOR
GWYDDONYDD	PIANYDD
DAWNSIWR	SEICOLEGYDD
GOLYGYDD	

80 - Castelos

```
B N G N T Y W Y S O G E S W
X O O U N I C O R N X W U Z
H A N Y M E R O D R A E T H
G P A H G M Y X Z Z C W A L
A T R C E F F Y L E B T R C
M J F D O D O C N S Z K I O
P J W E D Y D M A C P S A Z
A G I Y M R W I J V P J N A
L A S R A Y A C G O R O N Y
A E G N K F F I W D A L F D
S R M A R C H O G D Y N E S
O H R S C L E D D Y F T I J
R B T Y W Y S O G N O B W I
C A T A P U L T K M Y L P R
```

ARFWISG	GAER
CATAPULT	YMERODRAETH
MARCHOG	BONHEDDIG
CEFFYL	PALAS
GORON	WAL
DYNES	TYWYSOGES
DDRAIG	TYWYSOG
TARIAN	DEYRNAS
CLEDDYF	TWR
FFIWDAL	UNICORN

81 - Escola # 2

```
C Y F L E N W A D A U J Q C
A D X X Z P A P U R U F W A
P C L L Y F R A U P I M G L
C O A G E M A U U P D U A E
G W Y D D O N I A E T H D N
A E E Y E G Z Z X N A S A D
C D K N I M R L R S T I R R
R S D A P O A A Z I H S L E
X L O Y H J H I M L R W L T
B W Z L S L L P D A O R E Y
L L Y F R G E L L D D N N U
C Y F R I F I A D U R E Q Y
B A C K P A C K Y J G C G B
F F R I N D I A U M A T H Z
```

ACADEMAIDD   PENSIL
FFRINDIAU   DARLLEN
LLYFRGELL   LLYFRAU
CALENDR   MATH
GWYDDONIAETH   BACKPACK
CYFRIFIADUR   PAPUR
ADDYSG   ATHRO
GRAMADEG   CYFLENWADAU
GEMAU   SISWRN

82 - Abelhas

```
E R W P R Y F E D A B F B F
P A I L L Z E Z C D R F L H
F M R A M W G M W E E R O A
V R S N Y W V Ê C N N W D U
Y Y Y H A I D L H Y H Y Y L
K W J I Z K W W Q D I T N R
Q I F G M N T K X D N H C R
X A X I C Z K O N I E A W T
H E C O S Y S T E M S M Y U
J T T N C L N R S G K T R A
A H T W C Q Q E S F A R Y Y
B L O D A U T E F F H R W F
B H Q O O B U D D I O L D X
M T S U E E D Q G N N G U D
```

ADENYDD
BUDDIOL
CWYR
CWCH
AMRYWIAETH
ECOSYSTEM
HAID
BLODYN
BLODAU
FFRWYTH

MWG
CYNEFIN
PRYFED
GARDD
MÊL
PLANHIGION
PAILL
BRENHINES
HAUL

83 - Banheiro

```
F U K C R L G Y I E I V U C
S E B O N Y B V D Ŵ R U G A
Z J L C N A A G E R X K W W
T L D I V F T P C L Y O O O
F A U C E T H E O X Q C O D
I B S I J G M R T J D P H V
U S S I S N R S T O I L E D
X W L N S O M A P G N V C C
Z I P Y C W R W B U O D Q T
D G B H D O R R T K D B D Y
H O T Y W E L N I X D Y K A
H D S I A M P I I L I P T L
F F C C K Y A V G F L V E H
D V S X A N W A Q J G N W F
```

DŴR	PERSAWR
TOILED	SEBON
BATH	RUG
SWIGOD	SISWRN
CAWOD	TYWEL
DRYCH	FAUCET
NODDI	AGER
ELI	SIAMP

84 - Ciência

```
G F A A T O M M F D D C T M
W Y O R V F R F F A I T H D
Y D C A B P S M I X S D L Q
D L B P Q R W C S J G H H A
D Z G X Y A A P E W Y F X M
O R G A N E B W G P R K X O
N C E M E G O L F P C N F L
Y G R O N Y N N A U H A F E
D A T A H Q L W N F I T O C
D U M W Y N A U C C A U S I
J P L A N H I G I O N R I W
E S B L Y G I A D H T Q L L
L A B O R D Y E F B Y L Z A
Q D D A M C A N I A E T H U
```

ATOM
GWYDDONYDD
DATA
ESBLYGIAD
ARBRAWF
FFAITH
FFISEG
FFOSIL
DISGYRCHIANT
DDAMCANIAETH

LABORDY
DULL
MWYNAU
MOLECIWLAU
NATUR
ORGANEB
GRONYNNAU
PLANHIGION
CEMEGOL

85 - Cores

```
G U U F I B Q O X B M D X J
Y W A Z A W R K I N E A L Q
V I Y I Q M O O I E L Z C M
N L G N A L U K W A Y K C I
L L W Y D P I N C N N N U X
D W Y Y Y H C G L A S G O K
P O R F F O R O S Z Q N L V
V I D U W I N H C J Y K N M
G U D R Y R Y Y V H N D M D
C C L R R J F I O L E D W R
N M A G E N T A T P N U G O
U K S E S E P I A P X J B R
T Z P G W Y R D D M S N B E
Y L V Z L L W Y D F E L Y N
```

MELYN	BROWN
GLAS	DU
LLWYDFELYN	PINC
GWYN	PORFFOR
GWYRDDLAS	SEPIA
LLWYD	GWYRDD
DYFWYR	COCH
OREN	FIOLED
MAGENTA	

86 - Comida #1

```
V N E L C M E F U S I W G R
R N Q S G R A F M A I P A K
V L F M B R I C Y L L P P E
T I W N A I S J C A W L U X
S M V E S H G M Y D O E M S
Y U Q H I Y X O C A C E N Y
N U D J L P G R G U N I O N
D D H D O G S O Z L E M O N
K H A I D D A N C N Y P U P
S I N A M O N R M U V S R M
H A L E N F N U L L A E T H
T G K L H H I O D L W M C H
U C H B C N A U D A E A R Y
K L Q N J O X W O X X G E E
```

SIWGR	SBIGOGLYS
GARLLEG	LLAETH
CNAU DAEAR	LEMON
TIWNA	BASIL
CACEN	MEFUS
SINAMON	MAIP
UNION	HALEN
MORON	SALAD
HAIDD	CAWL
BRICYLL	SUDD

87 - Pássaros

```
E F F A V S K J N F H W C W
S R F D Z P I T X C G C I O
T Â L E B Q G Ŵ Y D D P C P
R N A R V O O B E R Y R O E
Y C M Y E F G J P P J O N N
S O I N G Q H O E A A G I G
T L N Y V W W B L R L U A W
W O G C R Ë Y R I O A A N I
C M O Y L S A L C T R G M N
A E Y W N I D K A S C V I W
N N Z I D Y E X N H E U G
V N O Â I Q N E O R S A R P
P O H R W W A U I N H Y W K
Q D Y I Y Y X Z S S X Z Q Z
```

ESTRYS
ERYR
CICONIA
ALARCH
FRÂN
GOG
FFLAMINGO
CYW IÂR
GWYLAN
GŴYDD

CRËYR
WY
PAROT
ADERYN
HWYADEN
PAUN
PELICAN
PENGWIN
COLOMENNOD
TWCAN

88 - Virtudes #1

```
W  E  C  E  P  A  C  C  A  W  C  I  C  U
Y  F  F  Y  A  E  N  O  T  S  L  Â  N  C
R  F  H  M  M  S  N  G  S  X  A  P  I  S
E  E  A  A  B  E  I  D  E  T  F  E  W  V
U  I  A  R  U  R  D  A  A  R  B  N  Q  F
W  T  X  F  S  H  E  R  D  N  D  C  O  F
H  H  Z  E  C  R  A  A  O  G  T  D  C  J
Y  L  E  R  H  S  L  V  E  L  I  Y  O  G
D  O  D  O  A  G  L  D  T  C  D  F  O  L
E  N  Y  L  E  U  U  E  H  P  O  L  Q  R
R  G  D  Z  L  J  S  W  Y  N  O  L  L  O
U  Q  A  N  N  I  B  Y  N  N  O  L  O  J
S  C  H  W  I  L  F  R  Y  D  I  G  X  G
A  R  T  I  S  T  I  G  M  P  I  H  D  N
```

ANGERDDOL	HAEL
ARTISTIG	ANNIBYNNOL
DA	DEALLUS
HYDERUS	LÂN
CHWILFRYDIG	CYMEDROL
PENDANT	CLAF
EFFEITHLON	YMARFEROL
SWYNOL	DOETH

89 - Literatura

```
D R Y C H I N E B X D K X T
C A S G L I A D Y V E F I W
F W G Z F I S A W S I F J D
A D R O D D W R G Z A U W I
R U Q O E B G D R K L G T S
H R T G D Q Y D A E O L P G
Y B A R N L L U F T G E K R
T H B N O F E L F M H N S I
H A F H J S C L I H D E K F
M A R J C Y I Q A W Z X M I
C H W E D L W A D F J I V A
D A D A N S O D D I A D O D
C Y M H A R I A E T H Q S U
G S E I C E R D D B Q N V I
```

DADANSODDIAD   TROSIAD
CHWEDL   ADRODDWR
AWDUR   BARN
BYWGRAFFIAD   CERDD
CYMHARIAETH   ODL
CASGLIAD   RHYTHM
DISGRIFIAD   NOFEL
DEIALOG   THEMA
ARDDULL   DRYCHINEB
FFUGLEN

90 - Clima

```
L G I G T I A G B P N C I I
T R O F A N N O L V I D Â H
C I E T U J Y X E I U X H N
W K J B O W W T S T O R M S
M Y J T E R E Q Y S Y C H U
W O X G W Y N T C N J O N A
L W N V J F F A H X I R K W
Z E P S U W Y W D T W W J E
F R W S Ŵ K S Y E O Q Y L L
M E L L T N K R R L E N P X
H I N S A W D D Q J D T O V
V Q T Y M H E R E D D R L F
Z L W A W Y R G Y L C H A U
T A R A N A U Z N X G V R O
```

ENFYS
AWYRGYLCH
AWEL
AWYR
HINSAWDD
CORWYNT
IÂ
MONSŴN
NIWL
CWMWL

POLAR
MELLT
SYCHDER
SYCH
TYMHEREDD
STORM
TORNADO
TROFANNOL
TARANAU
GWYNT

91 - Tecnologia

```
R Y F L L S B M Z P W S O H
D H C P B E Y R B L O G L T
N A Y S T A D E G A U R N K
E X R N F Y G D D Z D I W Q
G C C F G I H A M I N R R
E D H F P R W T R V O H B R
S W W O F D W A V V G Y Y H
A F R N I H V Y P I E M T I
Q Y F T D I G I D O L C E T
F F B E C A M E R A W H S H
J W S L I U I F F V C W R W
M E D D A L W E D D H I T I
C Y F R I F I A D U R L L R
B O H I H W U R M F Y Q H P
```

FFEIL
BLOG
BYTES
CAMERA
CYFRIFIADUR
CYRCHWR
DATA
DIGIDOL
YSTADEGAU

FFONT
RHYNGRWYD
NEGES
PORWR
YMCHWIL
DIOGELWCH
MEDDALWEDD
SGRIN
RHITHWIR

92 - Arte

```
G W E L E D O L C C S V B P
G S N K H F I F Y Y W P A A
I C Y X I M P F M F R E R E
Q H P M O Y W I H A E R D N
Y C W S L N Y G L N A S D T
S E N Y A E C U E S L O O I
B R C M L G E R T O A N N A
R F P B Q I R F H D E O I D
Y L S O M A A N F D T L A A
D U I L F N M U N I H T E U
O N E S T T I C H A L L T M
L D A F D P G T R D D N H J
I H V Z P O R T R E A D U H
G W R E I D D I O L U D R E
```

CERAMIG   GWREIDDIOL
CYMHLETH   PERSONOL
CYFANSODDIAD   PAENTIADAU
CREU   BARDDONIAETH
CERFLUN   PORTREADU
MYNEGIANT   SYML
FFIGUR   SYMBOL
ONEST   PWNC
HWYLIAU   SWREALAETH
YSBRYDOLI   GWELEDOL

93 - Dinossauros

```
Y M L U S G I A I D M D R C
D D Q Q F D L Y Q I A I H Y
V Y O K T F B M Z C I E Y N
Z E M Z F K O R B E N F W H
C Y N F F O N S Q S T L O A
O O I F T F V Y I B D I G N
W X V M A M O T H L F G A E
A Z O A T W A J L Y A T E S
M D R W Z H R Q Q G Y U T Y
P W E R U S C T F I V M H D
N Q B N C D I F L A N I A D
G U V I Y O A X X D B O U O
D W N Q S D P F M Q W J E L
Z G A T G V D D D A E A R V
```

ADENYDD	MAMOTH
CYNFFON	OMNIVORE
DIFLANIAD	PWERUS
ENFAWR	CYNHANESYDDOL
RHYWOGAETHAU	YMLUSGIAID
ESBLYGIAD	MAINT
FFOSILAU	DDAEAR
MAWR	DIEFLIG

94 - Esportes

```
M P S S G Y M N A S T E G C
G A P Q Y K K P I A Q I T H
I G B P P M V X J D M E Y W
U O H O Ê W U R A A A N S A
H L Y Z L C A D T E N I S R
O F F K F G A H I Z Z L T A
C F F M A M A N Q A U L A E
I W O Y S V R M O B D Y D W
N T R U G Q R J P L V D I R
U N D I E J M E Ê W W D W D
B L D F D U M B L K R R M Y
F H W H U T T H F G Ê M K T
Z F R E K Y E N A L Z L V Î
C A M P F A O H S B E I C M
```

MABOLGAMPWR
CANOLWR
PÊL-FASGED
PÊL FAS
BEIC
TÎM
STADIWM
ENILLYDD
CAMPFA

GYMNASTEG
GOLFF
HOCI
CHWARAEWR
GÊM
SYMUDIAD
TENIS
HYFFORDDWR

95 - Comida # 2

```
J  Q  G  R  A  W  N  W  I  N  B  M  G  B
H  B  G  E  R  N  T  E  R  L  I  A  T  A
Z  A  F  A  L  T  G  M  L  M  R  D  X  N
H  G  M  E  G  G  P  L  A  N  T  A  P  A
K  B  S  N  H  A  C  R  B  C  V  R  Y  N
O  K  L  O  C  I  R  J  O  A  U  C  S  A
C  E  I  R  I  O  S  T  S  W  D  H  G  C
B  G  O  O  W  M  R  E  I  S  A  O  O  Y
R  W  G  G  I  T  U  M  O  S  A  N  D  W
O  E  W  A  Y  Y  N  Z  C  M  I  V  J  I
C  N  R  W  L  R  P  O  L  L  P  O  Q  Â
O  I  T  Y  M  M  C  L  E  R  C  M  G  R
L  T  K  U  B  J  O  V  D  I  O  B  T  P
I  H  H  G  P  A  O  N  T  O  M  A  T  O
```

ARTISIOG	IOGWRT
ALMON	CIWI
REIS	AFAL
BANANA	WY
EGGPLANT	PYSGOD
BROCOLI	HAM
CEIRIOS	CAWS
SIOCLED	TOMATO
MADARCH	GWENITH
CYW IÂR	GRAWNWIN

96 - Barcos

```
C A I A C M D R H A F F D T
Y F C R I W O U U L L Y N O
E F L M K E C R M H F X Y N
P E I R I A N T W W Z Z X N
Z R L X H Q Z Y R R Y W O A
X I Y J J M X W Q I Y A X U
C E F N F O R M M W S C F X
F N I J U R C A N Ŵ L X D J
Z B Z B H W Y L I O K U S V
R M Y N N R V A T Q O V I L
M Ô R A R O J W S Y H D R Y
N X C F G L L A N W Z E I W
A Q L O M L A N G O R A F Z
K H U N S U V E B K T C N X
```

ANGOR	MÔR
FFERI	LLANW
PRYNU	MORWR
CAIAC	MWYAF
CANŴ	PEIRIANT
RHAFF	MORWROL
DOC	CEFNFOR
HWYLIO	TONNAU
LLU	AFON
LLYN	CRIW

97 - Outono

```
H I N S A W D D E M Y Z N C
N T M C R F C O H G R C Y Z
A Y U G C N A U C A S T A N
T W D I Ŵ T D I L L A D H D
U Y O R B Y S A M V T K W H
R D Q Y L M L W A K Q F F I
F D P U E H L J K G E I F G
F E S E N O F E A F A L A U
X S T B E R L L A N T Y O R
U H S O A O H B V G N N S F
T A N A U L W E Q U I N O X
B U I A Q M N I W T Q Z N B
K S H J O N I I J X Z C A Y
H I K G L C T S L M D H H J
```

FESEN
CNAU CASTAN
HINSAWDD
EQUINOX
GŴYL
RHEW
TANAU
AFALAU

MIS
MUDO
NATUR
BERLLAN
DILLAD
TYMHOROL
TYWYDD

98 - Piratas

```
I U K U M K X D A T U M I S
P A R O T R Y S O R U M A M
E U C W M P A W D D D Y K P
T R A E T H C A P T E N W C
G C P T Z L H L C A Q Y C Q
E U E G J X W B T N X S R X
O S N F J S E M L G M E A C
E G M M N S D K E O Y A I L
J N O L Y F L Z I R W N T E
S G F F T F O C R I W T H D
P E R Y G L U R H M B U Z D
D A R N A U A R I A N R C Y
C M Y U N T B Y S S Z A Y F
D R W G H M N V T D B J O R
```

ANTUR	DRWG
ANGOR	DARNAU ARIAN
CWMPAWD	CEFNFOR
CAPTEN	AUR
OGOF	PAROT
CRAITH	PERYGL
CLEDDYF	TRAETH
YNYS	RUM
CHWEDL	TRYSOR
MAP	CRIW

99 - Mamíferos

```
I  S  Z  A  Z  C  D  C  E  F  F  Y  L  R
E  T  C  G  F  I  C  O  Y  O  T  E  L  J
U  S  E  B  R  A  W  K  L  G  N  O  E  T
G  M  L  L  W  Y  N  O  G  F  V  X  W  T
U  O  E  L  U  D  I  C  J  W  F  H  R  V
S  R  R  W  M  W  N  C  I  Y  S  I  R  U
L  F  I  I  N  A  G  H  R  W  F  O  N  T
W  I  B  E  L  Q  E  C  A  T  H  C  I  A
Z  L  Q  O  E  A  N  Y  F  T  U  A  F  R
E  L  I  F  F  A  N  T  F  A  M  M  S  W
K  A  N  G  A  R  O  O  I  H  J  E  J  M
B  L  A  I  D  D  E  F  A  I  D  L  O  E
M  H  F  Y  T  F  F  P  N  E  G  L  Y  K
A  A  A  M  D  A  N  H  Q  B  D  Z  Q  M
```

MORFIL	JIRAFF
CAMEL	DOLFFIN
KANGAROO	GORILA
AFANC	LLEW
CEFFYL	BLAIDD
CI	MWNCI
CWNINGEN	DEFAID
COYOTE	LLWYNOG
ELIFFANT	TARW
CATH	SEBRA

100 - Atividades e Lazer

```
T H Q L K K F R D D Y F B G
G Z J W J X E L M V R K O W
P M U S Y U M S C A O F C E
I Ê S Y J P Y S G O T A S R
V E L R I Y M L A C I O I S
L Q L F K U R Z R E K A O Y
P A A F A B T D D L B H P L
Z Z J I R S C E D F Z B Ê L
V X I O J G G D I L Q M L A
H E I C I O T E O T J P F V
T E N I S L V I D B H F A Y
N O F I O F A F H O M I S S
Q E A M D F X I J L Z E O X
P Ê L F O L I O O M G L W C
```

GWERSYLLA
CELF
PÊL-FASGED
PÊL FAS
BOCSIO
HEICIO
GOLFF
GARDDIO

DEIFIO
NOFIO
PYSGOTA
YMLACIO
SYRFFIO
TENIS
TEITHIO
PÊL-FOLI

1 - Dirigindo

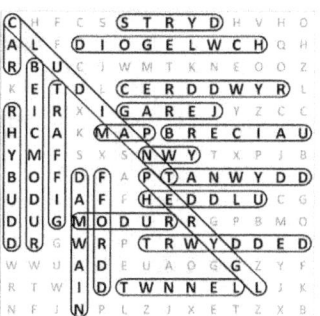

2 - Atividades

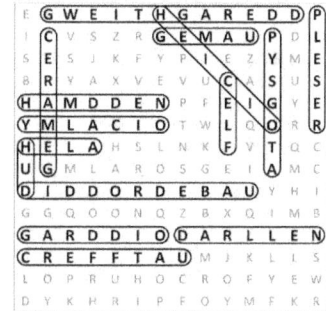

3 - Churrascos

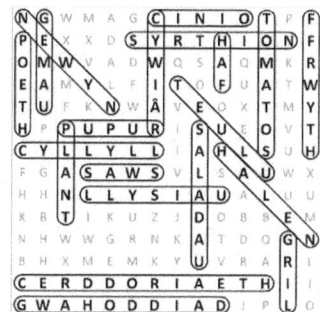

4 - Pesca

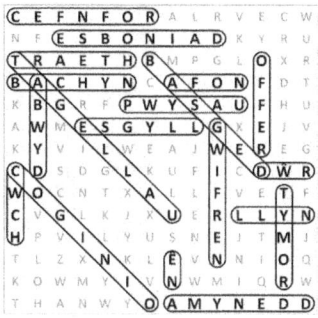

5 - Geologia

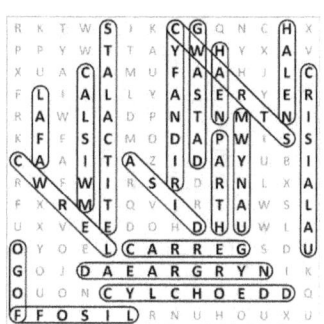

6 - Tempo

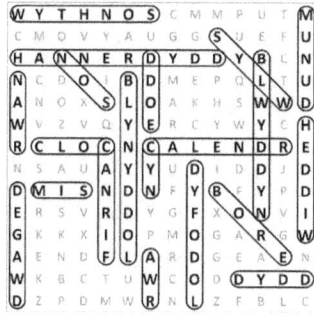

7 - Astronomia

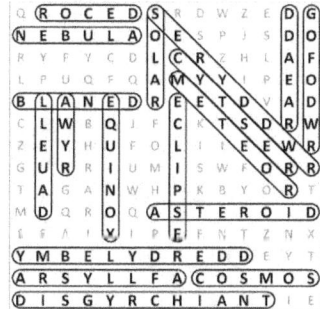

8 - Circo

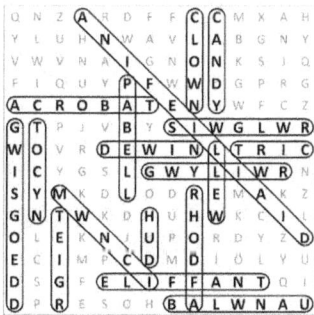

9 - Acampamento

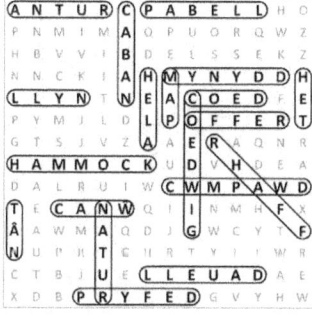

10 - Emoções

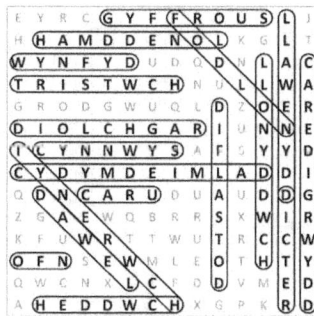

11 - Ficção Científica

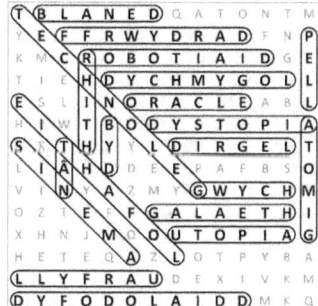

12 - Mitologia

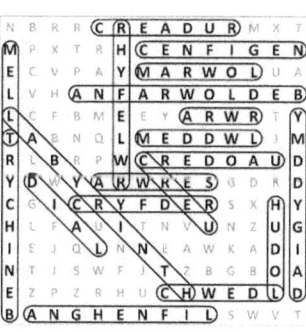

13 - Medições

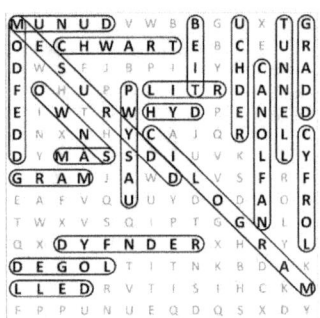

14 - Plantas

15 - Veículos

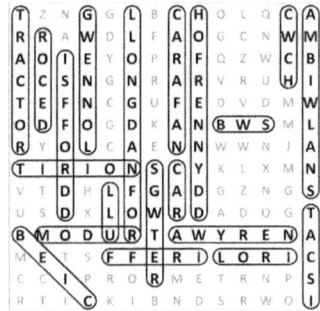

16 - Restaurante # 2

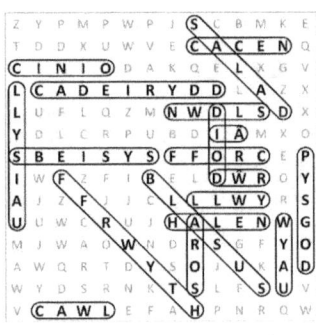

17 - Países #2

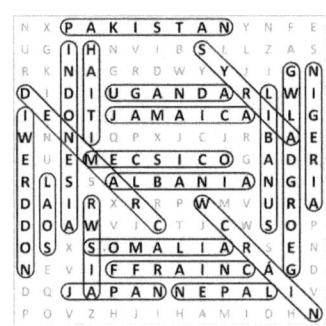

18 - Cozinha

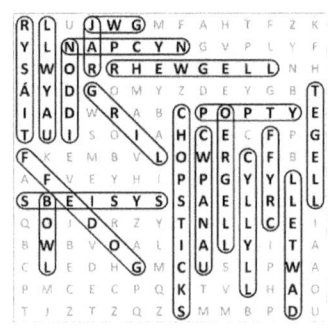

19 - Brinquedos

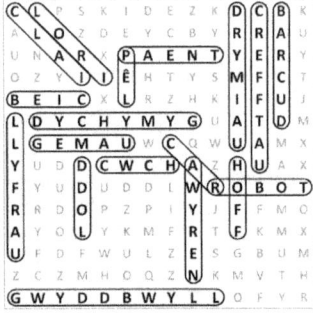

20 - Verão

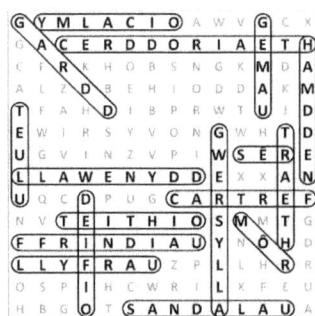

21 - Material de Arte

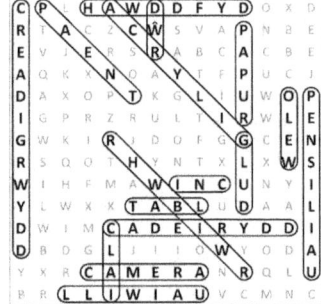

22 - Números

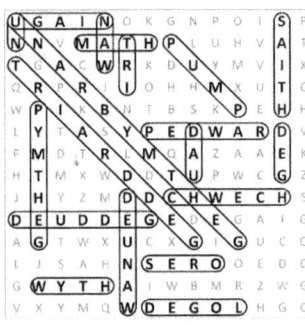

23 - Especiarias

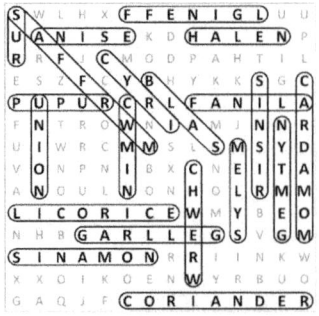

24 - Aniversário

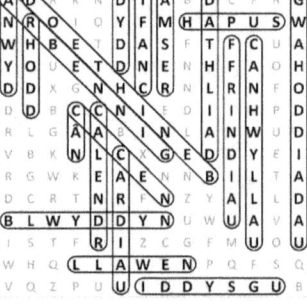

25 - Casa

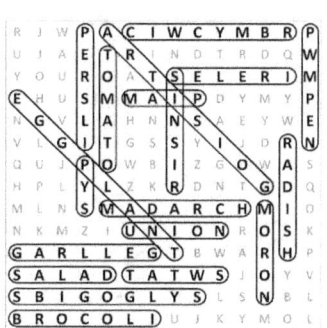

26 - Vegetais

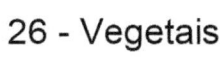

27 - Exploração

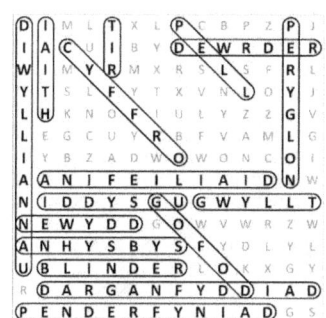

28 - Balé

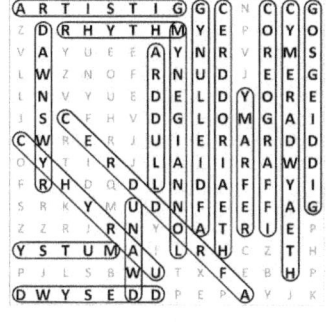

29 - Conservação

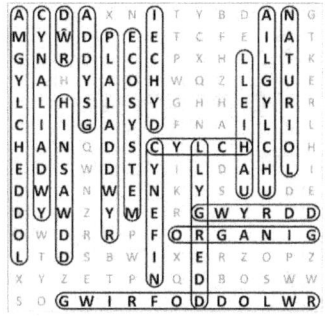

30 - Adjetivos #1

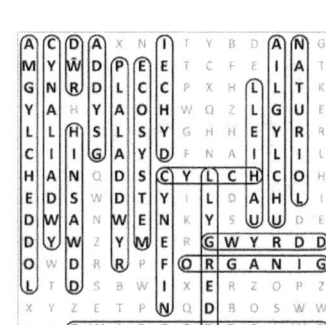

31 - Insetos

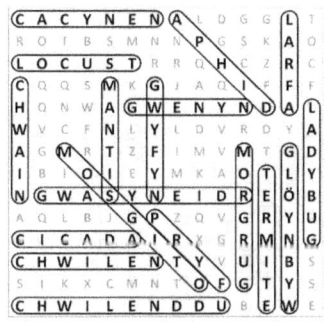

32 - Paisagens

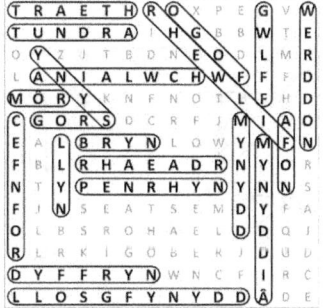

33 - Dança

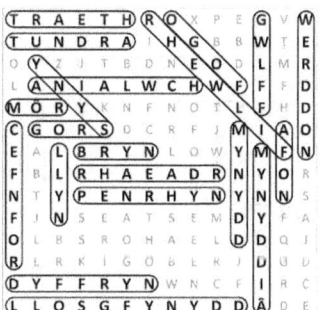

34 - Nutrição

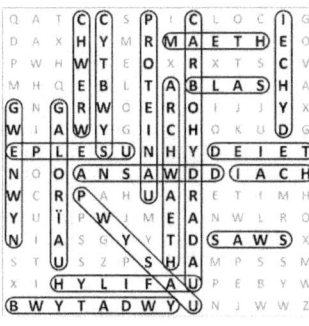

35 - Disciplinas Científicas

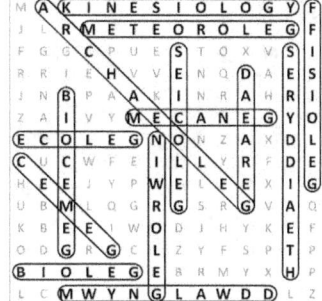

36 - Meditação

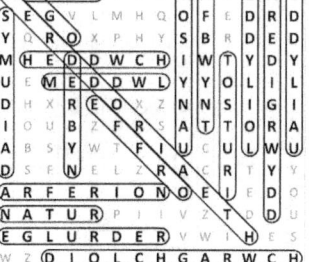

37 - Gatos

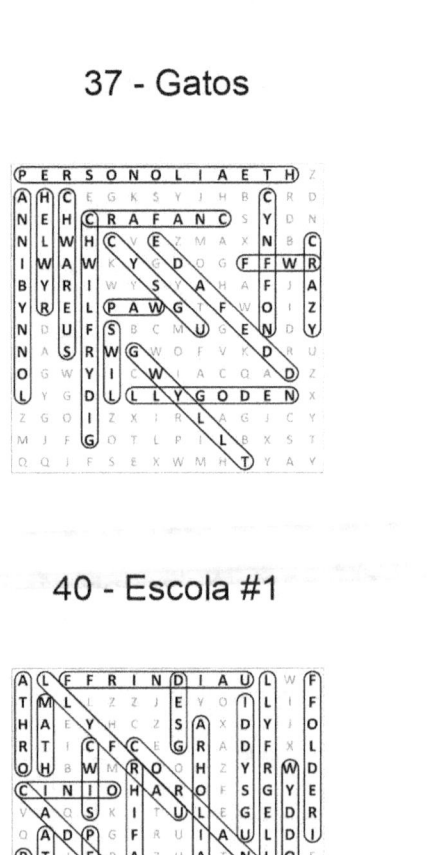

38 - Artes Visuais

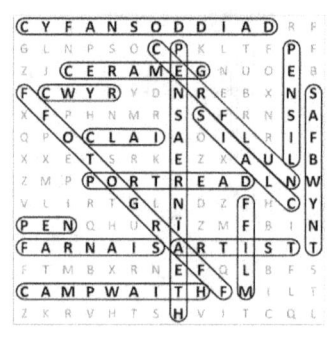

39 - Instrumentos Musicais

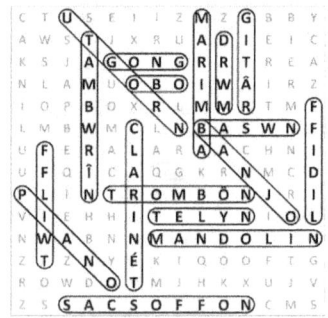

40 - Escola #1

41 - Adjetivos #2

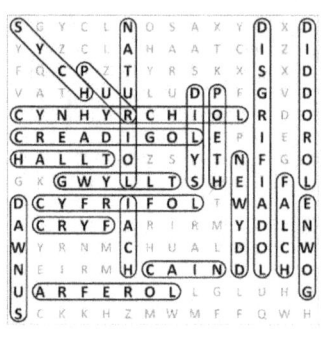

42 - Roupas

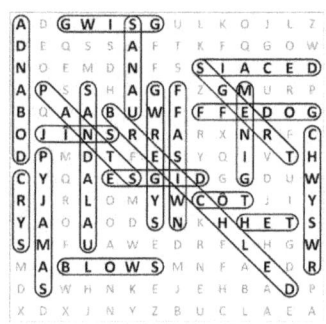

43 - Herbalismo

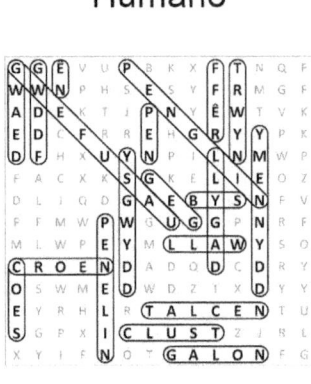

44 - Férias #1

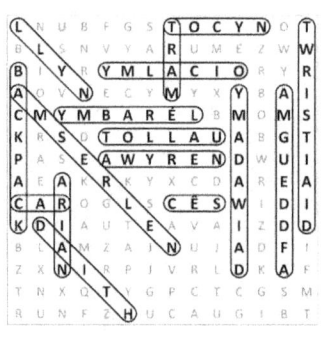

45 - Frutas

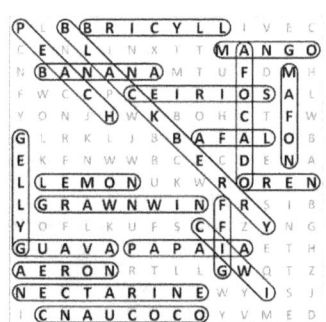

46 - Corpo Humano

47 - Restaurante #1

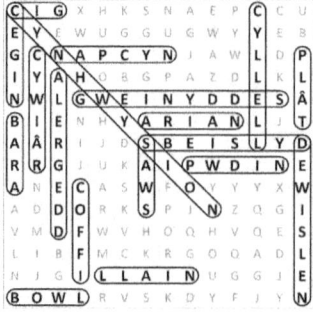

48 - Caminhada

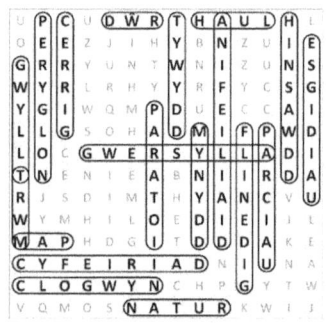

49 - Água

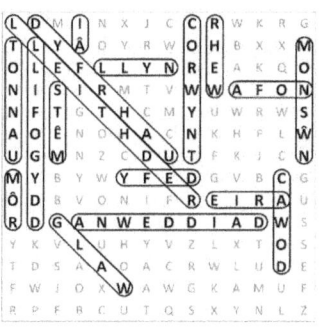

50 - Ecologia

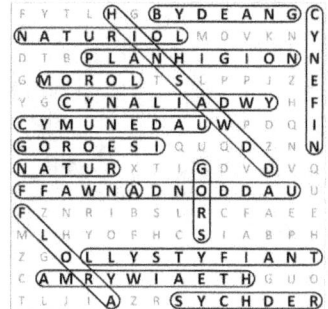

51 - Família

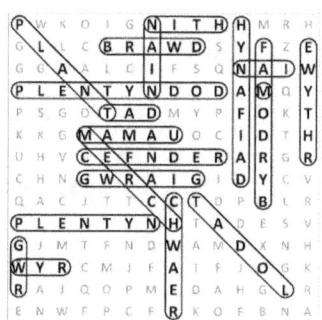

52 - Férias #2

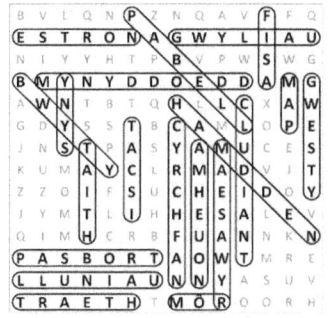

53 - Edifícios

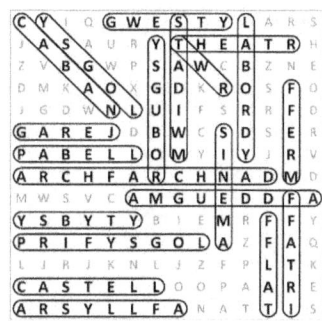

54 - Praia

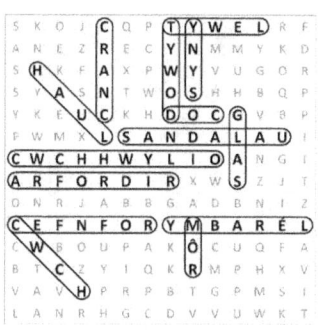

55 - Xadrez

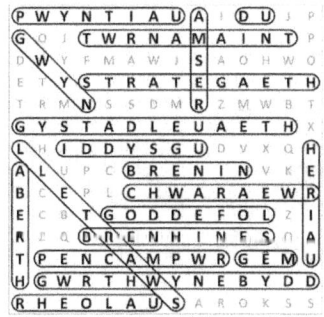

56 - Aventura

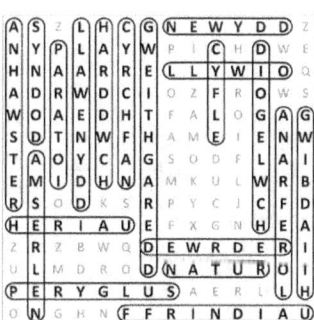

57 - Surf

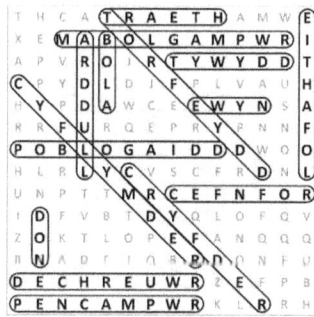

58 - Floresta Tropical

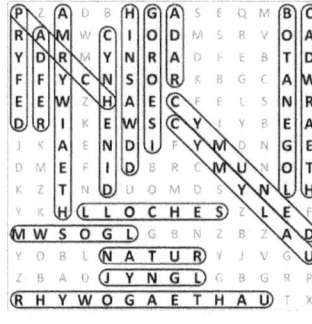

59 - Cidade

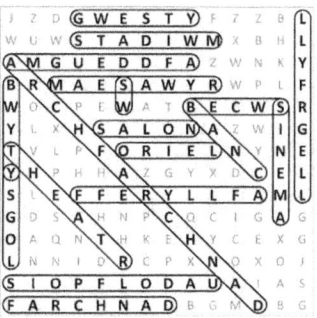

60 - Matemática

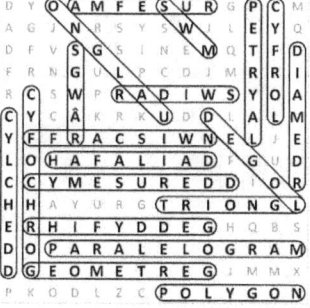

61 - Natureza

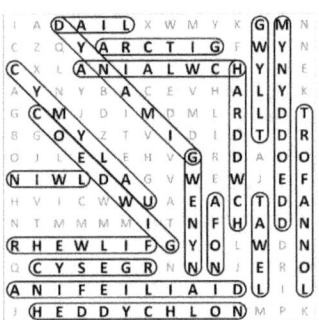

62 - Preencher

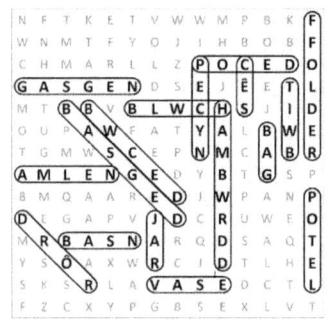

63 - Animais de Estimação

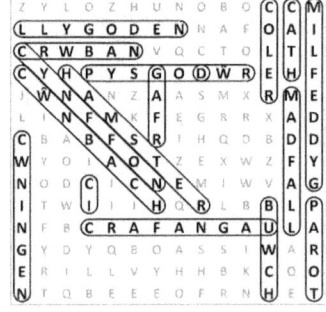

64 - Escalada

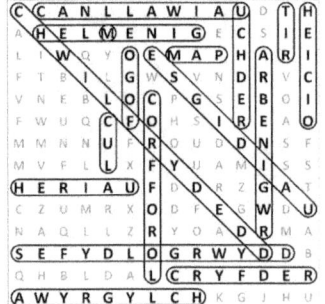

65 - Aviões

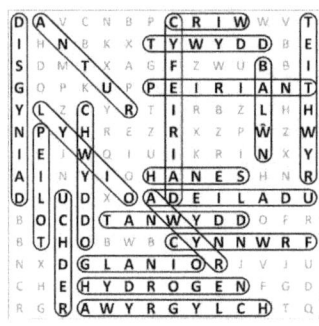

66 - Tipos de Cabelo

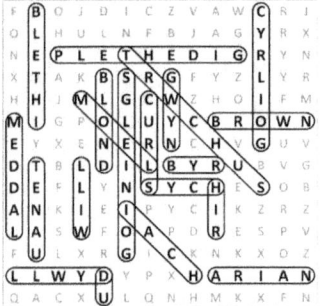

67 - Formas

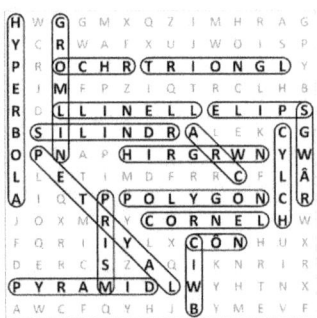

68 - Dias e Meses

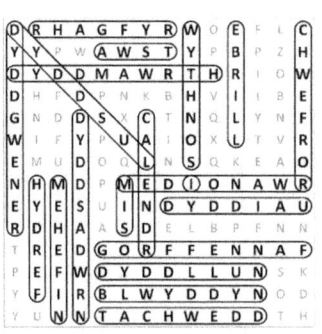

69 - Geografia

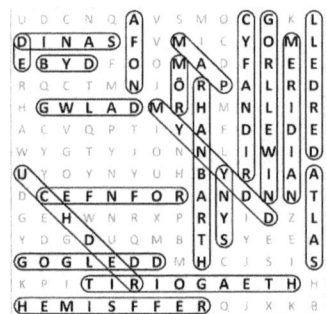

70 - Antártica

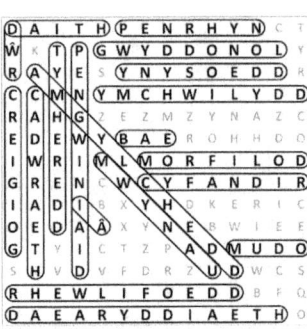

71 - Flores

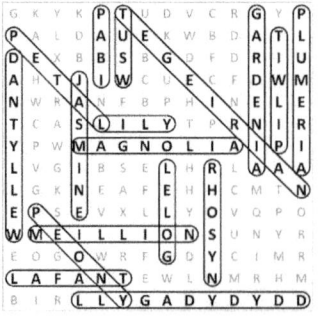

72 - Fazenda #1

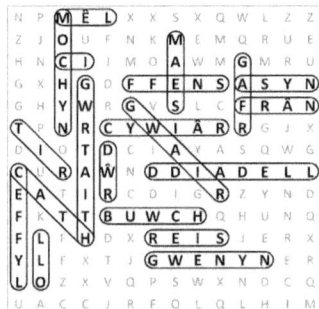

73 - Livros

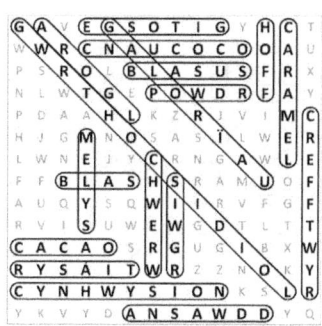

74 - Chocolate

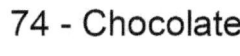

75 - Profissões #2

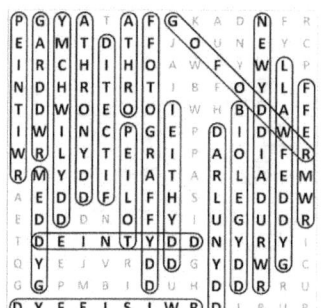

76 - Fazenda #2

77 - Jardim

78 - Oceano

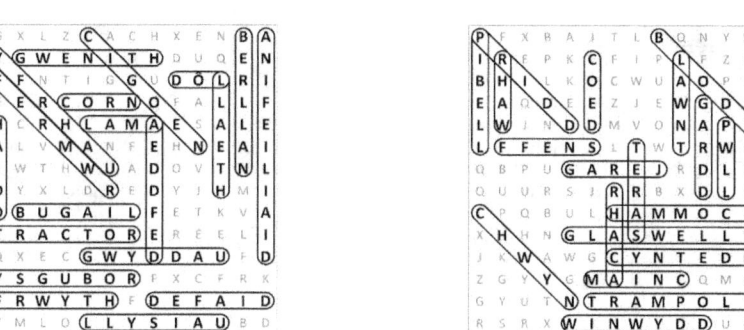
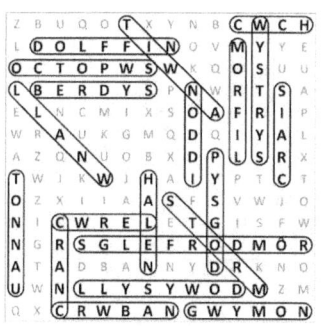

79 - Profissões #1

80 - Castelos

81 - Escola # 2

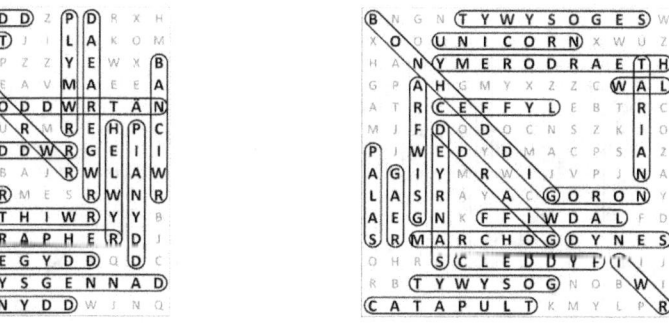
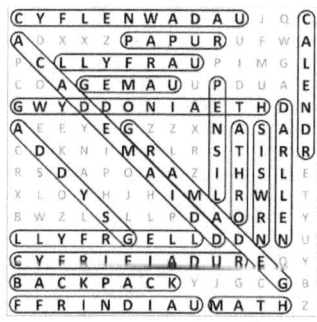

82 - Abelhas

83 - Banheiro

84 - Ciência

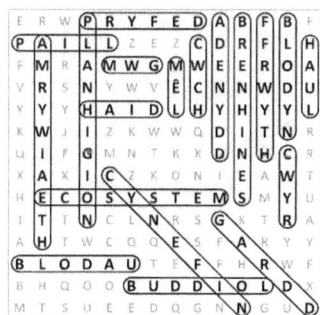
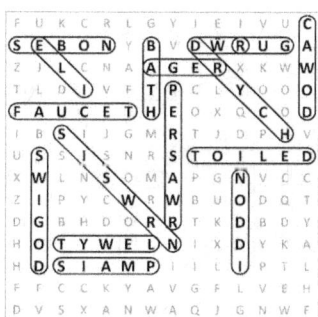
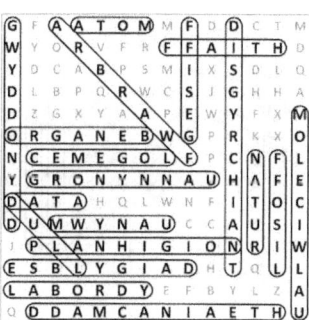

85 - Cores

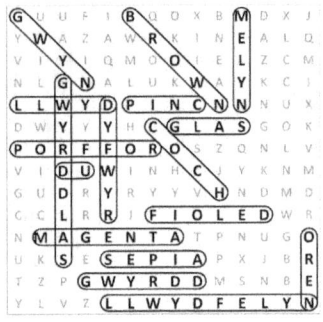

86 - Comida #1

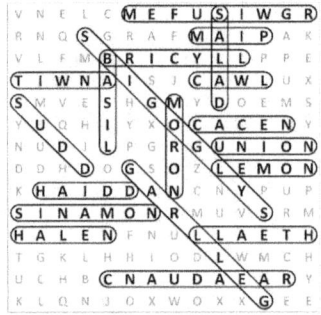

87 - Pássaros

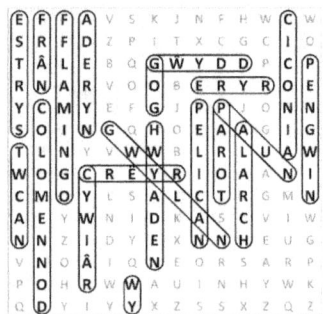

88 - Virtudes #1

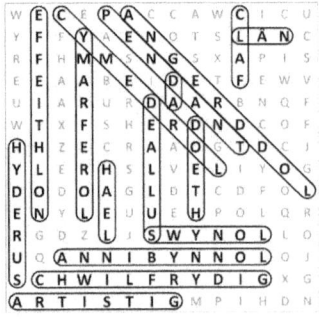

89 - Literatura

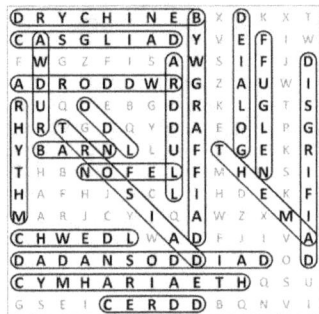

90 - Clima

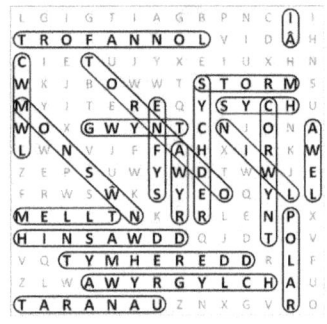

91 - Tecnologia

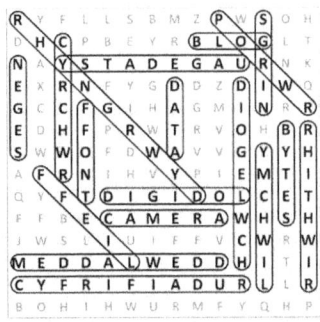

92 - Arte

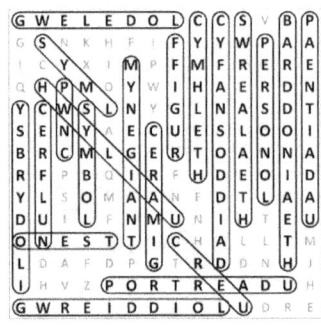

93 - Dinossauros

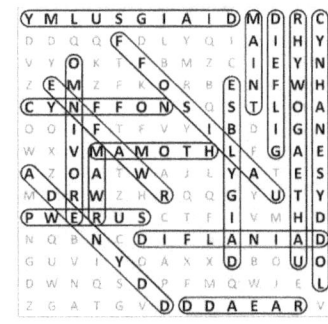

94 - Esportes

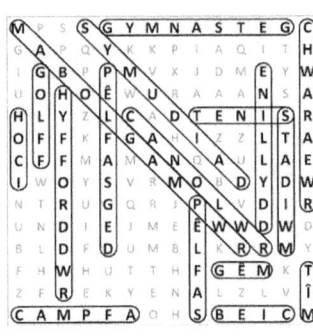

95 - Comida # 2

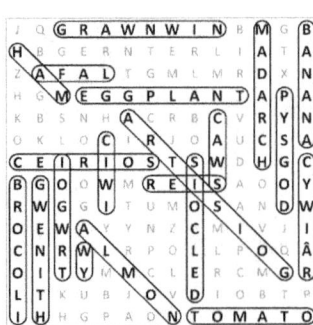

96 - Barcos

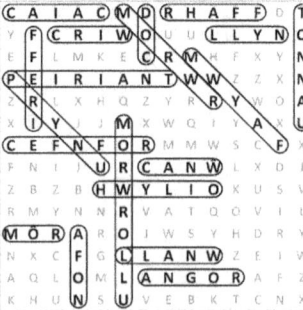

97 - Outono

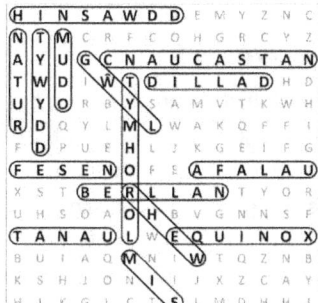

98 - Piratas

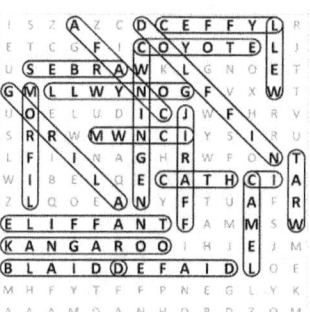

99 - Mamíferos

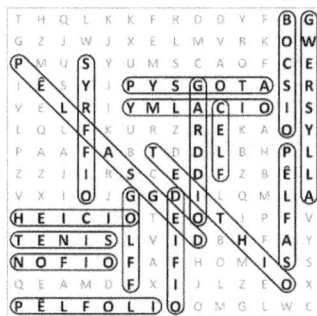

100 - Atividades e Lazer

Dicionário

Abelhas
Gwenyn

Asas	Adenydd
Benéfico	Buddiol
Cera	Cwyr
Colmeia	Cwch
Diversidade	Amrywiaeth
Ecossistema	Ecosystem
Enxame	Haid
Flor	Blodyn
Flores	Blodau
Fruta	Ffrwyth
Fumaça	Mwg
Habitat	Cynefin
Inseto	Pryfed
Jardim	Gardd
Mel	Mêl
Plantas	Planhigion
Pólen	Paill
Rainha	Brenhines
Sol	Haul

Acampamento
Gwersylla

Animais	Anifeiliaid
Aventura	Antur
Árvores	Coed
Bússola	Cwmpawd
Cabine	Caban
Caça	Hela
Canoa	Canŵ
Chapéu	Het
Corda	Rhaff
Equipamento	Offer
Floresta	Coedwig
Fogo	Tân
Inseto	Pryfed
Lago	Llyn
Lua	Lleuad
Maca	Hammock
Mapa	Map
Montanha	Mynydd
Natureza	Natur
Tenda	Pabell

Adjetivos #1
Ansoddeiriau # 1

Absoluto	Absoliwt
Aromático	Aromatig
Artístico	Artistig
Atraente	Deniadol
Enorme	Enfawr
Escuro	Tywyll
Exótico	Egsotig
Fino	Tenau
Generoso	Hael
Grande	Mawr
Honesto	Onest
Idêntico	Union
Importante	Pwysig
Lento	Araf
Misterioso	Dirgel
Moderno	Modern
Perfeito	Perffaith
Pesado	Trwm
Sério	Difrifol
Valioso	Gwerthfawr

Adjetivos #2
Ansoddeiriau # 2

Autêntico	Dilys
Criativo	Creadigol
Descritivo	Disgrifiadol
Dotado	Dawnus
Elegante	Cain
Famoso	Enwog
Forte	Cryf
Interessante	Diddorol
Natural	Naturiol
Normal	Arferol
Novo	Newydd
Orgulhoso	Falch
Produtivo	Cynhyrchiol
Puro	Pur
Quente	Poeth
Responsável	Cyfrifol
Salgado	Hallt
Saudável	Iach
Seco	Sych
Selvagem	Gwyllt

Animais de Estimação
Anifeiliaid Anwes

Água	Dŵr
Cabra	Gafr
Cachorro	Cŵn Bach
Cauda	Cynffon
Cão	Ci
Coelho	Cwningen
Colarinho	Coler
Garras	Crafangau
Gato	Cath
Hamster	Hamster
Lagarto	Madfall
Mouse	Llygoden
Papagaio	Parot
Peixe	Pysgod
Tartaruga	Crwban
Vaca	Buwch
Veterinário	Milfeddyg

Aniversário
Pen-Blwydd

Alegre	Llawen
Amigos	Ffrindiau
Ano	Blwyddyn
Aprender	I Ddysgu
Bolo	Cacen
Calendário	Calendr
Canção	Cân
Cartões	Cardiau
Celebração	Dathliad
Convites	Gwahoddiadau
Dia	Dydd
Dom	Rhodd
Especial	Arbennig
Feliz	Hapus
Jovem	Ifanc
Nascer	Anwyd
Sabedoria	Doethineb
Tempo	Amser
Velas	Canhwyllau

Antártica
Antarctica

Ambiente	Amgylchedd
Água	Dŵr
Baía	Bae
Baleias	Morfilod
Científico	Gwyddonol
Conservação	Cadwraeth
Continente	Cyfandir
Expedição	Daith
Geleiras	Rhewlifoedd
Gelo	Iâ
Geografia	Daearyddiaeth
Ilhas	Ynysoedd
Investigador	Ymchwilydd
Migração	Mudo
Minerais	Mwynau
Península	Penrhyn
Pinguins	Pengwiniaid
Rochoso	Creigiog
Temperatura	Tymheredd
Topografia	Topograffeg

Arte
Celf

Cerâmica	Ceramig
Complexo	Cymhleth
Composição	Cyfansoddiad
Criar	Creu
Escultura	Cerflun
Expressão	Mynegiant
Figura	Ffigur
Honesto	Onest
Humor	Hwyliau
Inspirado	Ysbrydoli
Original	Gwreiddiol
Pessoal	Personol
Pinturas	Paentiadau
Poesia	Barddoniaeth
Retratar	Portreadu
Simples	Syml
Símbolo	Symbol
Sujeito	Pwnc
Surrealismo	Swrealaeth
Visual	Gweledol

Artes Visuais
Celfyddydau Gweledol

Argila	Clai
Arquitetura	Pensaernïaeth
Artista	Artist
Caneta	Pen
Cera	Cwyr
Cerâmica	Cerameg
Composição	Cyfansoddiad
Criatividade	Creadigrwydd
Escultura	Cerflun
Filme	Ffilm
Fotografia	Ffotograff
Giz	Sialc
Lápis	Pensil
Obra-Prima	Campwaith
Perspectiva	Safbwynt
Retrato	Portread
Verniz	Farnais

Astronomia
Seryddiaeth

Asteróide	Asteroid
Astronauta	Gofodwr
Astrônomo	Seryddwr
Céu	Awyr
Constelação	Cytser
Cosmos	Cosmos
Eclipse	Eclipse
Equinócio	Equinox
Foguete	Roced
Gravidade	Disgyrchiant
Lua	Lleuad
Meteoro	Meteor
Nebulosa	Nebula
Observatório	Arsyllfa
Planeta	Blaned
Radiação	Ymbelydredd
Solar	Solar
Supernova	Uwchnofa
Terra	Ddaear
Universo	Bydysawd

Atividades
Gweithgareddau

Arte	Celf
Artesanato	Crefftau
Atividade	Gweithgaredd
Caca	Hela
Caminhada	Heicio
Cerâmica	Cerameg
Interesses	Diddordebau
Jardinagem	Garddio
Jogos	Gemau
Lazer	Hamdden
Lendo	Darllen
Magia	Hud
Pesca	Pysgota
Prazer	Pleser
Relaxamento	Ymlacio

Atividades e Lazer
Gweithgareddau a Hamdden

Acampamento	Gwersylla
Arte	Celf
Basquete	Pêl-Fasged
Beisebol	Pêl Fas
Boxe	Bocsio
Caminhada	Heicio
Golfe	Golff
Jardinagem	Garddio
Mergulho	Deifio
Natação	Nofio
Pesca	Pysgota
Relaxante	Ymlacio
Surfe	Syrffio
Tênis	Tenis
Viagem	Teithio
Voleibol	Pêl-Foli

Aventura
Antur

Alegria	Llawenydd
Amigos	Ffrindiau
Atividade	Gweithgaredd
Beleza	Harddwch
Bravura	Dewrder
Desafios	Heriau
Destino	Cyrchfan
Dificuldade	Anhawster
Entusiasmo	Brwdfrydedd
Excursão	Gwibdaith
Incomum	Anarferol
Itinerário	Amserlen
Natureza	Natur
Navegação	Llywio
Novo	Newydd
Oportunidade	Cyfle
Perigoso	Peryglus
Preparação	Paratoi
Segurança	Diogelwch
Surpreendente	Syndod

Aviões
Awyrennau

Altura	Uchder
Aterrissagem	Glanio
Atmosfera	Awyrgylch
Aventura	Antur
Balão	Balŵn
Céu	Awyr
Combustível	Tanwydd
Construção	Adeiladu
Descida	Disgyniad
Direção	Cyfeiriad
Hidrogênio	Hydrogen
História	Hanes
Inflar	Chwyddo
Motor	Peiriant
Navegar	Lywio
Passageiro	Teithwyr
Piloto	Peilot
Tempo	Tywydd
Tripulação	Criw
Turbulência	Cynnwrf

Água
Dŵr

Chuva	Glaw
Chuveiro	Cawod
Evaporação	Anweddiad
Furacão	Corwynt
Geada	Rhew
Gelo	Iâ
Inundação	Llifogydd
Irrigação	Dyfrhau
Lago	Llyn
Monção	Monsŵn
Neve	Eira
Oceano	Môr
Ondas	Tonnau
Potável	Yfed
Rio	Afon
Umidade	Lleithder
Vapor	Stêm

Balé
Bale

Aplauso	Cymeradwyaeth
Artístico	Artistig
Compositor	Cyfansoddwr
Coreografia	Coreograffi
Dançarinos	Dawnswyr
Ensaio	Ymarfer
Estilo	Arddull
Expressivo	Mynegiannol
Gesto	Ystum
Gracioso	Gosgeiddig
Intensidade	Dwysedd
Músculos	Cyhyrau
Música	Cerddoriaeth
Orquestra	Cerddorfa
Público	Gynulleidfa
Ritmo	Rhythm
Solo	Unawd
Técnica	Techneg

Banheiro
Ystafell Ymolchi

Água	Dŵr
Banheiro	Toiled
Banho	Bath
Bolhas	Swigod
Chuveiro	Cawod
Espelho	Drych
Esponja	Noddi
Loção	Eli
Perfume	Persawr
Sabão	Sebon
Tapete	Rug
Tesoura	Siswrn
Toalha	Tywel
Torneira	Faucet
Vapor	Ager
Xampu	Siamp

Barcos
Cychod

Âncora	Angor
Balsa	Fferi
Bóia	Prynu
Caiaque	Caiac
Canoa	Canŵ
Corda	Rhaff
Doca	Doc
Iate	Hwylio
Jangada	Llu
Lago	Llyn
Mar	Môr
Maré	Llanw
Marinheiro	Morwr
Mastro	Mwyaf
Motor	Peiriant
Náutico	Morwrol
Oceano	Cefnfor
Ondas	Tonnau
Rio	Afon
Tripulação	Criw

Brinquedos
Teganau

Argila	Clai
Artesanato	Crefftau
Avião	Awyren
Barco	Cwch
Bateria	Drymiau
Bicicleta	Beic
Bola	Pêl
Boneca	Ddol
Caminhão	Lori
Carro	Car
Favorito	Hoff
Imaginação	Dychymyg
Jogos	Gemau
Livros	Llyfrau
Pipa	Barcud
Robô	Robot
Tintas	Paent
Xadrez	Gwyddbwyll

Caminhada
Heicio

Acampamento	Gwersylla
Animais	Anifeiliaid
Água	Dŵr
Botas	Esgidiau
Cansado	Flinedig
Clima	Hinsawdd
Guias	Canllawiau
Mapa	Map
Montanha	Mynydd
Natureza	Natur
Orientação	Cyfeiriad
Parques	Parciau
Pedras	Cerrig
Penhasco	Clogwyn
Perigos	Peryglon
Pesado	Trwm
Preparação	Paratoi
Selvagem	Gwyllt
Sol	Haul
Tempo	Tywydd

Casa
Tŷ

Biblioteca	Llyfrgell
Cerca	Ffens
Chaves	Allweddi
Chuveiro	Cawod
Cortinas	Llenni
Cozinha	Cegin
Espelho	Drych
Garagem	Garej
Janela	Ffenestr
Jardim	Gardd
Lareira	Lle Tân
Mobiliário	Dodrefn
Parede	Wal
Porta	Drws
Quarto	Ystafell
Sótão	Atig
Tapete	Rug
Teto	Nenfwd
Torneira	Faucet
Vassoura	Banadl

Castelos
Cestyll

Armadura	Arfwisg
Catapulta	Catapult
Cavaleiro	Marchog
Cavalo	Ceffyl
Coroa	Goron
Dinastia	Dynes
Dragão	Ddraig
Escudo	Tarian
Espada	Cleddyf
Feudal	Ffiwdal
Fortaleza	Gaer
Império	Ymerodraeth
Nobre	Bonheddig
Palácio	Palas
Parede	Wal
Princesa	Tywysoges
Príncipe	Tywysog
Reino	Deyrnas
Torre	Twr
Unicórnio	Unicorn

Chocolate
Siocled

Açúcar	Siwgr
Amargo	Chwerw
Antioxidante	Gwrthocsidiol
Aroma	Arogl
Artesanal	Crefftwyr
Cacau	Cacao
Calorias	Galorïau
Caramelo	Caramel
Coco	Cnau Coco
Delicioso	Blasus
Doce	Melys
Exótico	Egsotig
Favorito	Hoff
Gosto	Blas
Ingrediente	Cynhwysion
Pó	Powdr
Qualidade	Ansawdd
Receita	Rysáit

Churrascos
Barbeciws

Cebolas	Syrthion
Convite	Gwahoddiad
Crianças	Plant
Facas	Cyllyll
Família	Teulu
Fome	Newyn
Frango	Cyw Iâr
Fruta	Ffrwyth
Grelha	Gril
Jantar	Cinio
Jogos	Gemau
Legumes	Llysiau
Molho	Saws
Música	Cerddoriaeth
Pimenta	Pupur
Quente	Poeth
Sal	Halen
Saladas	Saladau
Tomates	Tomatos
Verão	Haf

Cidade
Y Dref

Aeroporto	Maes Awyr
Banco	Banc
Biblioteca	Llyfrgell
Cinema	Sinema
Escola	Ysgol
Estádio	Stadiwm
Farmácia	Fferyllfa
Florista	Siop Flodau
Galeria	Oriel
Hotel	Gwesty
Jardim Zoológico	Sw
Livraria	Siop Lyfrau
Mercado	Farchnad
Museu	Amgueddfa
Padaria	Becws
Restaurante	Bwyty
Salão	Salon
Supermercado	Archfarchnad
Teatro	Theatr
Universidade	Prifysgol

Ciência
Gwyddoniaeth

Átomo	Atom
Cientista	Gwyddonydd
Clima	Hinsawdd
Dados	Data
Evolução	Esblygiad
Experiência	Arbrawf
Fato	Ffaith
Física	Ffiseg
Fóssil	Ffosil
Gravidade	Disgyrchiant
Hipótese	Ddamcaniaeth
Laboratório	Labordy
Método	Dull
Minerais	Mwynau
Moléculas	Moleciwlau
Natureza	Natur
Organismo	Organeb
Partículas	Gronynnau
Plantas	Planhigion
Químico	Cemegol

Circo
Syrcas

Acrobata	Acrobat
Animais	Anifeiliaid
Balões	Balwnau
Bilhete	Tocyn
Desfile	Rhodfa
Doce	Candy
Elefante	Eliffant
Espectador	Gwyliwr
Espetacular	Ysblennydd
Leão	Llew
Macaco	Mwnci
Magia	Hud
Malabarista	Siwglwr
Mágico	Dewin
Música	Cerddoriaeth
Palhaço	Clown
Tenda	Pabell
Tigre	Teigr
Traje	Gwisgoedd
Truque	Tric

Clima
Tywydd

Arco-Íris	Enfys
Atmosfera	Awyrgylch
Brisa	Awel
Céu	Awyr
Clima	Hinsawdd
Furacão	Corwynt
Gelo	Iâ
Monção	Monsŵn
Nevoeiro	Niwl
Nuvem	Cwmwl
Polar	Polar
Relâmpago	Mellt
Seca	Sychder
Seco	Sych
Temperatura	Tymheredd
Tempestade	Storm
Tornado	Tornado
Tropical	Trofannol
Trovão	Taranau
Vento	Gwynt

Comida # 2
Bwyd # 2

Alcachofra	Artisiog
Amêndoa	Almon
Arroz	Reis
Banana	Banana
Beringela	Eggplant
Brócolis	Brocoli
Cereja	Ceirios
Chocolate	Siocled
Cogumelo	Madarch
Frango	Cyw Iâr
Iogurte	Iogwrt
Kiwi	Ciwi
Maçã	Afal
Ovo	Wy
Peixe	Pysgod
Presunto	Ham
Queijo	Caws
Tomate	Tomato
Trigo	Gwenith
Uva	Grawnwin

Comida #1
Bwyd # 1

Açúcar	Siwgr
Alho	Garlleg
Amendoim	Cnau Daear
Atum	Tiwna
Bolo	Cacen
Canela	Sinamon
Cebola	Union
Cenoura	Moron
Cevada	Haidd
Damasco	Bricyll
Espinafre	Sbigoglys
Leite	Llaeth
Limão	Lemon
Manjericão	Basil
Morango	Mefus
Nabo	Maip
Sal	Halen
Salada	Salad
Sopa	Cawl
Suco	Sudd

Conservação
Cadwraeth

Ambiental	Amgylcheddol
Água	Dŵr
Ciclo	Cylch
Clima	Hinsawdd
Ecossistema	Ecosystem
Educação	Addysg
Habitat	Cynefin
Natural	Naturiol
Orgânico	Organig
Pesticida	Plaladdwyr
Poluição	Llygredd
Reciclar	Ailgylchu
Reduzir	Lleihau
Saúde	Iechyd
Sustentável	Cynaliadwy
Verde	Gwyrdd
Voluntário	Gwirfoddolwr

Cores
Lliwiau

Amarelo	Melyn
Azul	Glas
Bege	Llwydfelyn
Branco	Gwyn
Ciano	Gwyrddlas
Cinza	Llwyd
Fuchsia	Dyfwyr
Laranja	Oren
Magenta	Magenta
Marrom	Brown
Preto	Du
Rosa	Pinc
Roxo	Porffor
Sépia	Sepia
Verde	Gwyrdd
Vermelho	Coch
Violeta	Fioled

Corpo Humano
Corff Dynol

Boca	Geg
Cabeça	Pen
Cérebro	Ymennydd
Coração	Galon
Cotovelo	Penelin
Dedo	Bys
Joelho	Pen-Glin
Lábios	Gwefusau
Mão	Llaw
Nariz	Trwyn
Olho	Llygad
Ombro	Ysgwydd
Orelha	Clust
Pele	Croen
Perna	Coes
Pescoço	Gwddf
Queixo	Ên
Sangue	Gwaed
Testa	Talcen
Tornozelo	Ffêr

Cozinha
Cegin

Avental	Ffedog
Chaleira	Tegell
Colheres	Llwyau
Concha	Lletwad
Cups	Cwpanau
Especiarias	Sbeisys
Esponja	Noddi
Facas	Cyllyll
Forno	Popty
Freezer	Rhewgell
Garfos	Ffyrc
Geladeira	Oergell
Grelha	Gril
Guardanapo	Napcyn
Jar	Jar
Jarro	Jwg
Pauzinhos	Chopsticks
Receita	Rysáit
Tigela	Bowl

Dança
Dawns

Academia	Academi
Alegre	Llawen
Arte	Celf
Clássico	Clasurol
Coreografia	Coreograffi
Corpo	Corff
Cultura	Diwylliant
Cultural	Diwylliannol
Emoção	Emosiwn
Ensaio	Ymarfer
Expressivo	Mynegiannol
Graça	Gras
Movimento	Symudiad
Música	Cerddoriaeth
Parceiro	Partner
Postura	Osgo
Ritmo	Rhythm
Saltar	Neidio
Tradicional	Traddodiadol
Visual	Gweledol

Dias e Meses
Diwrnodau a Misoedd

Abril	Ebrill
Agosto	Awst
Ano	Blwyddyn
Calendário	Calendr
Dezembro	Rhagfyr
Domingo	Dydd Sul
Fevereiro	Chwefror
Janeiro	Ionawr
Julho	Gorffennaf
Junho	Mehefin
Mês	Mis
Novembro	Tachwedd
Outubro	Hydref
Quinta-Feira	Dydd Iau
Sábado	Dydd Sadwrn
Segunda-Feira	Dydd Llun
Semana	Wythnos
Setembro	Medi
Sexta-Feira	Dydd Gwener
Terça	Dydd Mawrth

Dinossauros
Deinosoriaid

Asas	Adenydd
Cauda	Cynffon
Desaparecimento	Diflaniad
Enorme	Enfawr
Espécies	Rhywogaethau
Evolução	Esblygiad
Fósseis	Ffosilau
Grande	Mawr
Herbívoro	Llysieuyn
Mamute	Mamoth
Onívoro	Omnivore
Poderoso	Pwerus
Presa	Ysglyfaeth
Pré-Histórico	Cynhanesyddol
Réptil	Ymlusgiaid
Tamanho	Maint
Terra	Ddaear
Vicioso	Dieflig

Dirigindo
Gyrru

Acidente	Damwain
Carro	Car
Combustível	Tanwydd
Cuidado	Rhybudd
Estrada	Ffordd
Freios	Breciau
Garagem	Garej
Gás	Nwy
Licença	Trwydded
Mapa	Map
Motocicleta	Beic Modur
Motor	Modur
Pedestre	Cerddwyr
Perigo	Perygl
Polícia	Heddlu
Rua	Stryd
Segurança	Diogelwch
Transporte	Cludiant
Tráfego	Traffig
Túnel	Twnnel

Disciplinas Científicas
Ddisgyblaethau Gwyddonol

Anatomia	Anatomeg
Arqueologia	Archaeoleg
Astronomia	Seryddiaeth
Biologia	Bioleg
Bioquímica	Biocemeg
Botânica	Llysieueg
Cinesiologia	Kinesiology
Ecologia	Ecoleg
Fisiologia	Ffisioleg
Geologia	Daeareg
Imunologia	Imiwnoleg
Linguística	Ieithyddiaeth
Mecânica	Mecaneg
Meteorologia	Meteoroleg
Mineralogia	Mwynglawdd
Neurologia	Niwroleg
Psicologia	Seicoleg
Química	Cemeg
Sociologia	Cymdeithaseg
Zoologia	Milofyddiaeth

Ecologia
Ecoleg

Clima	Hinsawdd
Comunidades	Cymunedau
Diversidade	Amrywiaeth
Espécies	Rhywogaethau
Fauna	Ffawna
Flora	Flora
Global	Byd-Eang
Habitat	Cynefin
Marinho	Morol
Montanhas	Mynyddoedd
Natural	Naturiol
Natureza	Natur
Pântano	Gors
Plantas	Planhigion
Recursos	Adnoddau
Seca	Sychder
Sobrevivência	Goroesi
Sustentável	Cynaliadwy
Vegetação	Llystyfiant
Voluntários	Gwirfoddolwyr

Edifícios
Adeiladau

Apartamento	Fflat
Cabine	Caban
Castelo	Castell
Celeiro	Ysgubor
Cinema	Sinema
Escola	Ysgol
Estádio	Stadiwm
Fazenda	Fferm
Fábrica	Ffatri
Garagem	Garej
Hospital	Ysbyty
Hotel	Gwesty
Laboratório	Labordy
Museu	Amgueddfa
Observatório	Arsyllfa
Supermercado	Archfarchnad
Teatro	Theatr
Tenda	Pabell
Torre	Twr
Universidade	Prifysgol

Emoções
Emosiynau

Alegria	Llawenydd
Amor	Caru
Animado	Gyffrous
Bem-Aventurança	Wynfyd
Bondade	Caredigrwydd
Calmo	Dawel
Conteúdo	Cynnwys
Grato	Diolchgar
Medo	Ofn
Paz	Heddwch
Raiva	Dicter
Relaxado	Hamddenol
Satisfeito	Fodlon
Simpatia	Cydymdeimlad
Ternura	Tynerwch
Tédio	Diflastod
Tranquilidade	Llonyddwch
Tristeza	Tristwch

Escalada
Dringo

Altitude	Uchder
Atmosfera	Awyrgylch
Botas	Esgidiau
Caminhada	Heicio
Capacete	Helm
Caverna	Ogof
Curiosidade	Chwilfrydedd
Desafios	Heriau
Especialista	Arbenigwr
Estabilidade	Sefydlogrwydd
Estreito	Cul
Físico	Corfforol
Força	Cryfder
Guias	Canllawiau
Luvas	Menig
Mapa	Map
Terreno	Tir

Escola # 2
Ysgol # 2

Acadêmico	Academaidd
Amigos	Ffrindiau
Biblioteca	Llyfrgell
Calendário	Calendr
Ciência	Gwyddoniaeth
Computador	Cyfrifiadur
Dicionário	Geiriadur
Educação	Addysg
Gramática	Gramadeg
Jogos	Gemau
Lápis	Pensil
Leitura	Darllen
Literatura	Llenyddiaeth
Livros	Llyfrau
Matemática	Math
Mochila	Backpack
Papel	Papur
Professor	Athro
Suprimentos	Cyflenwadau
Tesoura	Siswrn

Escola #1
Ysgol # 1

Alfabeto	Wyddor
Almoço	Cinio
Amigos	Ffrindiau
Aprender	I Ddysgu
Biblioteca	Llyfrgell
Cadeira	Cadeirydd
Canetas	Corlannau
Exames	Arholiadau
Lápis	Pensil
Livros	Llyfrau
Matemática	Math
Mesa	Desg
Números	Rhifau
Papel	Papur
Pastas	Ffolderi
Professor	Athro
Questionário	Cwis
Respostas	Atebion

Especiarias
Sbeisys

Açafrão	Saffrwm
Alcaçuz	Licorice
Alho	Garlleg
Amargo	Chwerw
Anis	Anise
Azedo	Sur
Baunilha	Fanila
Canela	Sinamon
Cardamomo	Cardamom
Caril	Cyri
Cebola	Union
Coentro	Coriander
Cominho	Cwmin
Doce	Melys
Funcho	Ffenigl
Gengibre	Sinsir
Noz-Moscada	Nytmeg
Pimenta	Pupur
Sabor	Blas
Sal	Halen

Esportes
Chwaraeon

Atleta	Mabolgampwr
Árbitro	Canolwr
Basquete	Pêl-Fasged
Beisebol	Pêl Fas
Bicicleta	Beic
Equipe	Tîm
Estádio	Stadiwm
Ganhador	Enillydd
Ginásio	Campfa
Ginástica	Gymnasteg
Golfe	Golff
Hóquei	Hoci
Jogador	Chwaraewr
Jogo	Gêm
Movimento	Symudiad
Tênis	Tenis
Treinador	Hyfforddwr

Exploração
Archwilio

Animais	Anifeiliaid
Aprender	I Ddysgu
Atividade	Gweithgaredd
Coragem	Dewrder
Culturas	Diwylliannau
Descoberta	Darganfyddiad
Desconhecido	Anhysbys
Determinação	Penderfyniad
Distante	Pell
Espaço	Gofod
Exaustão	Blinder
Excitação	Cyffro
Língua	Iaith
Novo	Newydd
Perigos	Peryglon
Selvagem	Gwyllt
Terreno	Tir
Viagem	Teithio

Família
Teulu

Antepassado	Hynafiad
Avó	Nain
Criança	Plentyn
Crianças	Plant
Esposa	Gwraig
Filha	Merch
Infância	Plentyndod
Irmã	Chwaer
Irmão	Brawd
Marido	Gŵr
Materno	Mamau
Mãe	Fam
Neto	Ŵyr
Pai	Tad
Paterno	Tadol
Primo	Cefnder
Sobrinha	Nith
Sobrinho	Nai
Tia	Modryb
Tio	Ewythr

Fazenda #1
Fferm # 1

Abelha	Gwenyn
Arroz	Reis
Água	Dŵr
Bezerro	Llo
Burro	Asyn
Cabra	Gafr
Campo	Maes
Cavalo	Ceffyl
Cão	Ci
Cerca	Ffens
Corvo	Frân
Feno	Gwair
Fertilizante	Gwrtaith
Frango	Cyw lâr
Gato	Cath
Mel	Mêl
Porco	Mochyn
Rebanho	Ddiadell
Terra	Tir
Vaca	Buwch

Fazenda #2
Fferm # 2

Agricultor	Ffermwr
Animais	Anifeiliaid
Celeiro	Ysgubor
Cevada	Haidd
Cordeiro	Cig Oen
Fruta	Ffrwyth
Ganso	Gwyddau
Irrigação	Dyfrhau
Leite	Llaeth
Lhama	Lama
Maduro	Aeddfed
Milho	Corn
Ovelha	Defaid
Pastor	Bugail
Pato	Hwyaden
Pomar	Berllan
Prado	Dôl
Trator	Tractor
Trigo	Gwenith
Vegetal	Llysiau

Férias #1
Yn Ystod y Gwyliau #1

Alfândega	Tollau
Avião	Awyren
Bilhete	Tocyn
Bonde	Tram
Carro	Car
Expedição	Daith
Guarda-Chuva	Ymbarél
Itinerário	Amserlen
Lago	Llyn
Mala	Cês
Mochila	Backpack
Moeda	Arian
Museu	Amgueddfa
Partida	Ymadawiad
Relaxamento	Ymlacio
Turista	Twristiaid

Férias #2
Yn Ystod y Gwyliau #2

Aeroporto	Maes Awyr
Destino	Cyrchfan
Estrangeiro	Estron
Feriado	Gwyliau
Fotos	Lluniau
Hotel	Gwesty
Ilha	Ynys
Lazer	Hamdden
Mapa	Map
Mar	Môr
Montanhas	Mynyddoedd
Passaporte	Pasbort
Praia	Traeth
Reservas	Amheuon
Restaurante	Bwyty
Táxi	Tacsi
Tenda	Pabell
Transporte	Cludiant
Viagem	Taith
Visto	Fisa

Ficção Científica
Ffuglen Gwyddoniaeth

Atómico	Atomig
Cinema	Sinema
Distante	Pell
Distopia	Dystopia
Explosão	Ffrwydrad
Extremo	Eithafol
Fantástico	Gwych
Fogo	Tân
Futurista	Dyfodolaidd
Galáxia	Galaeth
Ilusão	Rhith
Imaginário	Dychmygol
Livros	Llyfrau
Misterioso	Dirgel
Mundo	Byd
Oráculo	Oracle
Planeta	Blaned
Robôs	Robotiaid
Tecnologia	Technoleg
Utopia	Utopia

Flores
Blodau

Buquê	Tusw
Dente-De-Leão	Dant y Llew
Gardênia	Gardenia
Hibisco	Hibiscus
Jasmim	Jasmine
Lavanda	Lafant
Lilás	Lelog
Lírio	Lily
Magnólia	Magnolia
Margarida	Llygad y Dydd
Orquídea	Tegeirian
Papoula	Pabi
Peônia	Peony
Pétala	Petal
Plumeria	Plumeria
Rosa	Rhosyn
Trevo	Meillion
Tulipa	Tiwlip

Floresta Tropical
Fforestydd Glaw

Anfíbios	Amffibiaid
Botânico	Botanegol
Clima	Hinsawdd
Comunidade	Cymuned
Diversidade	Amrywiaeth
Espécies	Rhywogaethau
Indígena	Cynhenid
Insetos	Pryfed
Mamíferos	Mamaliaid
Musgo	Mwsogl
Natureza	Natur
Nuvens	Cymylau
Pássaros	Adar
Preservação	Cadwraeth
Refúgio	Lloches
Respeito	Parch
Restauração	Adfer
Selva	Jyngl
Sobrevivência	Goroesi
Valioso	Gwerthfawr

Formas
Siapiau

Arco	Arc
Canto	Cornel
Cilindro	Silindr
Círculo	Cylch
Cone	Côn
Cubo	Ciwb
Curva	Gromlin
Elipse	Elips
Hipérbole	Hyperbola
Lado	Ochr
Linha	Llinell
Oval	Hirgrwn
Pirâmide	Pyramid
Polígono	Polygon
Prisma	Prism
Quadrado	Sgwâr
Retângulo	Petryal
Triângulo	Triongl

Frutas
Ffrwythau

Abacate	Afocado
Amora	Blackberry
Baga	Aeron
Banana	Banana
Cereja	Ceirios
Coco	Cnau Coco
Damasco	Bricyll
Figo	Ffig
Framboesa	Mafon
Goiaba	Guava
Kiwi	Ciwi
Laranja	Oren
Limão	Lemon
Maçã	Afal
Mamão	Papaia
Manga	Mango
Nectarina	Nectarine
Pera	Gellyg
Pêssego	Peach
Uva	Grawnwin

Gatos
Cathod

Brincalhão	Chwareus
Caçador	Helwyr
Cauda	Cynffon
Curioso	Chwilfrydig
Dormir	Cysgu
Fio	Edafedd
Garra	Crafanc
Independente	Annibynnol
Louco	Crazy
Mouse	Llygoden
Pata	Paw
Pele	Ffwr
Personalidade	Personoliaeth
Selvagem	Gwyllt
Tímido	Swil

Geografia
Daearyddiaeth

Altitude	Uchder
Atlas	Atlas
Cidade	Dinas
Continente	Cyfandir
Hemisfério	Hemisffer
Ilha	Ynys
Latitude	Lledred
Mapa	Map
Mar	Môr
Meridiano	Meridian
Montanha	Mynydd
Mundo	Byd
Norte	Gogledd
Oceano	Cefnfor
Oeste	Gorllewin
País	Gwlad
Região	Rhanbarth
Rio	Afon
Sul	De
Território	Tiriogaeth

Geologia
Daeareg

Ácido	Asid
Camada	Haen
Caverna	Ogof
Cálcio	Calsiwm
Ciclos	Cylchoedd
Continente	Cyfandir
Coral	Cwrel
Cristais	Crisialau
Estalactite	Stalactite
Estalagmites	Stalagmidau
Fóssil	Ffosil
Lava	Lafa
Minerais	Mwynau
Pedra	Carreg
Platô	Gwastad
Quartzo	Cwarts
Sal	Halen
Terremoto	Daeargryn
Vulcão	Llosgfynydd
Zona	Parth

Herbalismo
Llysieuol

Açafrão	Saffrwm
Alecrim	Rhosmar
Alho	Garlleg
Aromático	Aromatig
Benéfico	Buddiol
Coentro	Coriander
Estragão	Taragon
Flor	Blodyn
Funcho	Ffenigl
Ingrediente	Cynhwysion
Jardim	Gardd
Lavanda	Lafant
Manjericão	Basil
Manjerona	Marjoram
Planta	Planhigion
Qualidade	Ansawdd
Sabor	Blas
Salsa	Persli
Tomilho	Teim
Verde	Gwyrdd

Insetos
Pryfed

Abelha	Gwenyn
Barata	Chwilen Ddu
Besouro	Chwilen
Borboleta	Glöyn Byw
Cigarra	Cicada
Cupim	Termite
Formiga	Morgrug
Gafanhoto	Locust
Joaninha	Ladybug
Larva	Larfa
Libélula	Gwas y Neidr
Louva-A-Deus	Mantis
Mariposa	Gwyfyn
Minhoca	Pryf
Mosquito	Mosgito
Pulga	Chwain
Pulgão	Aphid
Vespa	Cacynen

Instrumentos Musicais
Offerynnau Cerddorol

Bandolim	Mandolin
Banjo	Banjo
Clarinete	Clarinét
Fagote	Baswn
Flauta	Ffliwt
Gongo	Gong
Harpa	Telyn
Marimba	Marimba
Oboé	Obo
Pandeiro	Tambwrîn
Piano	Piano
Saxofone	Sacsoffon
Tambor	Drwm
Trombone	Trombôn
Trompete	Utgorn
Violão	Gitâr
Violino	Ffidil

Jardim
Gardd

Ancinho	Rhaca
Arbusto	Llwyn
Árvore	Coed
Banco	Mainc
Cerca	Ffens
Ervas Daninhas	Chwyn
Flor	Blodyn
Garagem	Garej
Grama	Glaswellt
Gramado	Lawnt
Jardim	Gardd
Lagoa	Pwll
Maca	Hammock
Mangueira	Pibell
Pá	Rhaw
Solo	Pridd
Terraço	Teras
Trampolim	Trampolîn
Varanda	Cyntedd
Videira	Winwydd

Literatura
Llenyddiaeth

Analogia	Cyfatebiaeth
Análise	Dadansoddiad
Anedota	Chwedl
Autor	Awdur
Biografia	Bywgraffiad
Comparação	Cymhariaeth
Conclusão	Casgliad
Descrição	Disgrifiad
Diálogo	Deialog
Estilo	Arddull
Ficção	Ffuglen
Metáfora	Trosiad
Narrador	Adroddwr
Opinião	Barn
Poema	Cerdd
Rima	Odl
Ritmo	Rhythm
Romance	Nofel
Tema	Thema
Tragédia	Drychineb

Livros
Llyfrau

Autor	Awdur
Aventura	Antur
Coleção	Casgliad
Contexto	Cyd-Destun
Dualidade	Deuoliaeth
Escrito	Ysgrifenedig
Épico	Epig
História	Stori
Histórico	Hanesyddol
Inventivo	Buddsoddi
Leitor	Darllenydd
Literário	Llenyddol
Narrador	Adroddwr
Página	Tudalen
Poema	Cerdd
Poesia	Barddoniaeth
Relevante	Perthnasol
Romance	Nofel
Série	Cyfres
Trágico	Trasig

Mamíferos
Mamaliaid

Baleia	Morfil
Camelo	Camel
Canguru	Kangaroo
Castor	Afanc
Cavalo	Ceffyl
Cão	Ci
Coelho	Cwningen
Coiote	Coyote
Elefante	Eliffant
Gato	Cath
Girafa	Jiraff
Golfinho	Dolffin
Gorila	Gorila
Leão	Llew
Lobo	Blaidd
Macaco	Mwnci
Ovelha	Defaid
Raposa	Llwynog
Touro	Tarw
Zebra	Sebra

Matemática
Mathemateg

Aritmética	Rhifyddeg
Ângulos	Onglau
Circunferência	Cylchedd
Decimal	Degol
Diâmetro	Diamedr
Equação	Hafaliad
Fração	Ffracsiwn
Geometria	Geometreg
Paralelo	Cyfochrog
Paralelogramo	Paralelogram
Perímetro	Amfesur
Perpendicular	Berpendicwlar
Polígono	Polygon
Quadrado	Sgwâr
Raio	Radiws
Retângulo	Petryal
Simetria	Cymesuredd
Soma	Swm
Triângulo	Triongl
Volume	Cyfrol

Material de Arte
Cyflenwadau Celf

Acrílico	Acrylig
Apagador	Rhwbiwr
Argila	Clai
Água	Dŵr
Cadeira	Cadeirydd
Cavalete	Hawddfyd
Câmera	Camera
Cola	Glud
Cores	Lliwiau
Criatividade	Creadigrwydd
Lápis	Pensiliau
Mesa	Tabl
Óleo	Olew
Papel	Papur
Tinta	Inc
Tintas	Paent

Medições
Mesuriadau

Altura	Uchder
Byte	Beit
Centímetro	Canolfan
Comprimento	Hyd
Decimal	Degol
Grama	Gram
Grau	Gradd
Largura	Lled
Litro	Litr
Massa	Màs
Metro	Mesurydd
Minuto	Munud
Onça	Owns
Peso	Pwysau
Polegada	Modfedd
Profundidade	Dyfnder
Quarto	Chwart
Quilograma	Cilogram
Tonelada	Tunnell
Volume	Cyfrol

Meditação
Myfyrdod

Aceitação	Derbyn
Acordado	Effro
Atenção	Sylw
Bondade	Caredigrwydd
Clareza	Eglurder
Compaixão	Tosturi
Emoções	Emosiynau
Ensinamentos	Dysgeidiaeth
Gratidão	Diolchgarwch
Hábitos	Arferion
Mental	Meddyliol
Mente	Meddwl
Movimento	Symudiad
Música	Cerddoriaeth
Natureza	Natur
Paz	Heddwch
Pensamentos	Meddyliau
Perspectiva	Safbwynt
Postura	Osgo
Silêncio	Distawrwydd

Mitologia
Mytholeg

Ciúmes	Cenfigen
Comportamento	Ymddygiad
Crenças	Credoau
Criação	Creu
Criatura	Creadur
Cultura	Diwylliant
Desastre	Trychineb
Força	Cryfder
Guerreiro	Rhyfelwr
Heroína	Arwres
Herói	Arwr
Imortalidade	Anfarwoldeb
Labirinto	Labyrinth
Lenda	Chwedl
Mágico	Hudol
Monstro	Anghenfil
Mortal	Marwol
Relâmpago	Mellt
Trovão	Meddwl
Vingança	Dial

Natureza
Natur

Abelhas	Gwenyn
Animais	Anifeiliaid
Ártico	Arctig
Beleza	Harddwch
Deserto	Anialwch
Dinâmico	Dynamig
Floresta	Coedwig
Folhagem	Dail
Geleira	Rhewlif
Montanhas	Mynyddoedd
Nevoeiro	Niwl
Nuvens	Cymylau
Pacífico	Heddychlon
Rio	Afon
Santuário	Cysegr
Selvagem	Gwyllt
Sereno	Tawel
Tropical	Trofannol
Vital	Hanfodol

Nutrição
Maeth

Amargo	Chwerw
Apetite	Archwaeth
Calorias	Galorïau
Carboidratos	Carbohydradau
Comestível	Bwytadwy
Dieta	Deiet
Digestão	Treuliad
Equilibrado	Cytbwys
Fermentação	Eplesu
Líquidos	Hylifau
Molho	Saws
Nutriente	Maeth
Peso	Pwysau
Proteínas	Proteinau
Qualidade	Ansawdd
Sabor	Blas
Saudável	Iach
Saúde	Iechyd
Toxina	Gwenwyn
Vitamina	Fitamin

Números
Rhifau

Cinco	Pump
Decimal	Degol
Dez	Deg
Dezesseis	Un ar Bymtheg
Dezoito	Deunaw
Dois	Dau
Doze	Deuddeg
Matemática	Math
Nove	Naw
Oito	Wyth
Quatro	Pedwar
Quinze	Pymtheg
Seis	Chwech
Sete	Saith
Treze	Tri ar Ddeg
Três	Tri
Um	Un
Vinte	Ugain
Zero	Sero

Oceano
Cefnfor

Alga	Gwymon
Atum	Tiwna
Baleia	Morfil
Barco	Cwch
Camarão	Berdys
Caranguejo	Cranc
Coral	Cwrel
Enguia	Llysywod
Esponja	Noddi
Golfinho	Dolffin
Marés	Llanw
Medusa	Sglefrod Môr
Ondas	Tonnau
Ostra	Wystrys
Peixe	Pysgod
Polvo	Octopws
Sal	Halen
Tartaruga	Crwban
Tempestade	Storm
Tubarão	Siarc

Outono
Hydref

Bolota	Fesen
Castanhas	Cnau Castan
Clima	Hinsawdd
Equinócio	Equinox
Festival	Gŵyl
Geada	Rhew
Incêndios	Tanau
Maçãs	Afalau
Meses	Mis
Migração	Mudo
Natureza	Natur
Pomar	Berllan
Roupa	Dillad
Sazonal	Tymhorol
Tempo	Tywydd

Paisagens
Tirweddau

Cascata	Rhaeadr
Caverna	Ogof
Colina	Bryn
Deserto	Anialwch
Geleira	Rhewlif
Golfo	Gwlff
Iceberg	Mynydd Iâ
Ilha	Ynys
Lago	Llyn
Mar	Môr
Montanha	Mynydd
Oásis	Werddon
Oceano	Cefnfor
Pântano	Gors
Península	Penrhyn
Praia	Traeth
Rio	Afon
Tundra	Tundra
Vale	Dyffryn
Vulcão	Llosgfynydd

Países #2
Gwledydd # 2

Albânia	Albania
Dinamarca	Denmarc
França	Ffrainc
Grécia	Gwlad Groeg
Haiti	Haiti
Indonésia	Indonesia
Irlanda	Iwerddon
Jamaica	Jamaica
Japão	Japan
Laos	Laos
Líbano	Libanus
México	Mecsico
Nepal	Nepal
Nigéria	Nigeria
Paquistão	Pakistan
Rússia	Rwsia
Síria	Syria
Somália	Somalia
Ucrânia	Wcráin
Uganda	Uganda

Pássaros
Adar

Avestruz	Estrys
Águia	Eryr
Cegonha	Ciconia
Cisne	Alarch
Corvo	Frân
Cuco	Gog
Flamingo	Fflamingo
Frango	Cyw Iâr
Gaivota	Gwylan
Ganso	Gŵydd
Garça	Crëyr
Ovo	Wy
Papagaio	Parot
Pardal	Aderyn
Pato	Hwyaden
Pavão	Paun
Pelicano	Pelican
Pinguim	Pengwin
Pombo	Colomennod
Tucano	Twcan

Pesca
Pysgota

Água	Dŵr
Barbatanas	Esgyll
Barco	Cwch
Brânquias	Tagellau
Cesta	Basged
Cozinhar	Coginio
Equipamento	Offer
Exagero	Esboniad
Fio	Gwifren
Gancho	Bachyn
Isca	Abwyd
Lago	Llyn
Mandíbula	Ên
Oceano	Cefnfor
Paciência	Amynedd
Peso	Pwysau
Praia	Traeth
Rio	Afon
Temporada	Tymor

Piratas
Môr-Ladron

Aventura	Antur
Âncora	Angor
Bússola	Cwmpawd
Capitão	Capten
Caverna	Ogof
Cicatriz	Craith
Espada	Cleddyf
Ilha	Ynys
Lenda	Chwedl
Mapa	Map
Mau	Drwg
Moedas	Darnau Arian
Oceano	Cefnfor
Ouro	Aur
Papagaio	Parot
Perigo	Perygl
Praia	Traeth
Rum	Rum
Tesouro	Trysor
Tripulação	Criw

Plantas
Planhigion

Arbusto	Llwyn
Árvore	Coed
Baga	Aeron
Bambu	Bambŵ
Botânica	Llysieueg
Cacto	Cactus
Erva	Perlysiau
Feijão	Ffa
Fertilizante	Gwrtaith
Flor	Blodyn
Flora	Flora
Floresta	Coedwig
Folhagem	Dail
Grama	Glaswellt
Hera	Eiddew
Jardim	Gardd
Musgo	Mwsogl
Pétala	Petal
Raiz	Gwraidd
Vegetação	Llystyfiant

Praia
Traeth

Areia	Tywod
Azul	Glas
Barco	Cwch
Caranguejo	Cranc
Costa	Arfordir
Doca	Doc
Guarda-Chuva	Ymbarél
Ilha	Ynys
Mar	Môr
Oceano	Cefnfor
Sandálias	Sandalau
Sol	Haul
Toalha	Tywel
Veleiro	Cwch Hwylio

Preencher
I Llenwch

Bacia	Basn
Balde	Bwced
Bandeja	Hambwrdd
Barril	Gasgen
Bolso	Poced
Caixa	Blwch
Cesta	Basged
Envelope	Amlen
Garrafa	Potel
Gaveta	Drôr
Jar	Jar
Mala	Cês
Pacote	Pecyn
Pasta	Ffolder
Saco	Bag
Tubo	Tiwb
Vaso	Vase

Profissões #1
Proffesiynau # 1

Advogado	Cyfreithiwr
Artista	Artist
Astrônomo	Seryddwr
Banqueiro	Banciwr
Bombeiro	Diffoddwr Tân
Caçador	Helwyr
Cartógrafo	Cartographer
Cientista	Gwyddonydd
Dançarino	Dawnsiwr
Editor	Golygydd
Embaixador	Llysgennad
Encanador	Plymwr
Enfermeira	Nyrs
Geólogo	Daearegwr
Joalheiro	Gemydd
Marinheiro	Morwr
Músico	Cerddor
Pianista	Pianydd
Psicólogo	Seicolegydd
Veterinário	Milfeddyg

Profissões #2
Proffesiynau # 2

Agricultor	Ffermwr
Astronauta	Gofodwr
Bibliotecário	Llyfrgellydd
Biólogo	Biolegydd
Cirurgião	Llawfeddyg
Dentista	Deintydd
Detetive	Ditectif
Engenheiro	Peiriannydd
Filósofo	Athronydd
Fotógrafo	Ffotograffydd
Ilustrador	Darlunydd
Inventor	Dyfeisiwr
Investigador	Ymchwilydd
Jardineiro	Garddwr
Jornalista	Newyddiadurwr
Linguista	Ieithydd
Médico	Meddyg
Piloto	Peilot
Pintor	Peintiwr
Professor	Athro

Restaurante # 2
Bwyty # 2

Água	Dŵr
Bebida	Diod
Bolo	Cacen
Cadeira	Cadeirydd
Colher	Llwy
Delicioso	Blasus
Especiarias	Sbeisys
Fruta	Ffrwyth
Garçom	Aros
Garfo	Fforc
Gelo	Iâ
Jantar	Cinio
Legumes	Llysiau
Macarrão	Nwdls
Ovo	Wyau
Peixe	Pysgod
Sal	Halen
Salada	Salad
Sopa	Cawl

Restaurante #1
Bwyty # 1

Alergia	Alergedd
Café	Coffi
Caixa	Arian
Carne	Cig
Cozinha	Cegin
Faca	Cyllell
Frango	Cyw lâr
Garçonete	Gweinyddes
Guardanapo	Napcyn
Ingredientes	Cynhwysion
Menu	Dewislen
Molho	Saws
Pão	Bara
Picante	Sbeislyd
Placa	Plât
Reserva	Llain
Sobremesa	Pwdin
Tigela	Bowl

Roupas
Dillad

Avental	Ffedog
Blusa	Blows
Calça	Pants
Camisa	Crys
Casaco	Côt
Chapéu	Het
Cinto	Gwregys
Colar	Adnabod
Jaqueta	Siaced
Jeans	Jîns
Luvas	Menig
Meias	Sanau
Moda	Ffasiwn
Pijama	Pyjamas
Pulseira	Breichled
Saia	Sgert
Sandálias	Sandalau
Sapato	Esgid
Suéter	Chwyswr
Vestido	Gwisg

Surf
Syrffio

Atleta	Mabolgampwr
Campeão	Pencampwr
Espuma	Ewyn
Estilo	Arddull
Estômago	Bola
Extremo	Eithafol
Força	Cryfder
Multidões	Torfeydd
Oceano	Cefnfor
Onda	Don
Popular	Poblogaidd
Praia	Traeth
Principiante	Dechreuwr
Rapidez	Cyflymder
Tempo	Tywydd

Tecnologia
Technoleg

Arquivo	Ffeil
Blog	Blog
Bytes	Bytes
Câmera	Camera
Computador	Cyfrifiadur
Cursor	Cyrchwr
Dados	Data
Digital	Digidol
Estatísticas	Ystadegau
Fonte	Ffont
Internet	Rhyngrwyd
Mensagem	Neges
Navegador	Porwr
Pesquisa	Ymchwil
Segurança	Diogelwch
Software	Meddalwedd
Tela	Sgrin
Virtual	Rhithwir

Tempo
Amser

Agora	Nawr
Ano	Blwyddyn
Antes	Cyn
Anual	Blynyddol
Calendário	Calendr
Década	Degawd
Dia	Dydd
Futuro	Dyfodol
Hoje	Heddiw
Hora	Awr
Manhã	Bore
Meio-Dia	Hanner Dydd
Mês	Mis
Minuto	Munud
Momento	Sylw
Noite	Nos
Ontem	Ddoe
Relógio	Cloc
Semana	Wythnos
Século	Canrif

Tipos de Cabelo
Mathau o Wallt

Branco	Gwyn
Brilhante	Sgleiniog
Cachos	Curls
Careca	Moel
Cinza	Llwyd
Colori	Lliw
Curto	Byr
Encaracolado	Cyrliog
Fino	Tenau
Grosso	Trwchus
Loiro	Blond
Longo	Hir
Marrom	Brown
Prata	Arian
Preto	Du
Saudável	Iach
Seco	Sych
Suave	Meddal
Trançado	Plethedig
Tranças	Blethi

Vegetais
Llysiau

Abóbora	Pwmpen
Aipo	Seleri
Alcachofra	Artisiog
Alho	Garlleg
Batata	Tatws
Beringela	Eggplant
Brócolis	Brocoli
Cebola	Union
Cenoura	Moron
Cogumelo	Madarch
Couve-Flor	Blodfresych
Ervilha	Pys
Espinafre	Sbigoglys
Gengibre	Sinsir
Nabo	Maip
Pepino	Ciwcymbr
Rabanete	Radish
Salada	Salad
Salsa	Persli
Tomate	Tomato

Veículos
Cerbydau

Ambulância	Ambiwlans
Avião	Awyren
Balsa	Fferi
Barco	Cwch
Bicicleta	Beic
Caminhão	Lori
Caravana	Carafan
Carro	Car
Foguete	Roced
Helicóptero	Hofrennydd
Jangada	Llu
Lambreta	Sgwter
Metrô	Isffordd
Motor	Modur
Ônibus	Bws
Pneus	Tirion
Submarino	Llong Danfor
Táxi	Tacsi
Transporte	Gwennol
Trator	Tractor

Verão
Haf

Acampamento	Gwersylla
Alegria	Llawenydd
Amigos	Ffrindiau
Casa	Cartref
Estrelas	Sêr
Família	Teulu
Jardim	Gardd
Jogos	Gemau
Lazer	Hamdden
Livros	Llyfrau
Mar	Môr
Mergulho	Deifio
Música	Cerddoriaeth
Praia	Traeth
Relaxamento	Ymlacio
Sandálias	Sandalau
Viagem	Teithio

Virtudes #1
Rhinweddau # 1

Apaixonado	Angerddol
Artístico	Artistig
Bom	Da
Confiante	Hyderus
Curioso	Chwilfrydig
Decisivo	Pendant
Eficiente	Effeithlon
Encantador	Swynol
Generoso	Hael
Independente	Annibynnol
Inteligente	Deallus
Limpo	Lân
Modesto	Cymedrol
Paciente	Claf
Prático	Ymarferol
Sábio	Doeth
Útil	Ddefnyddiol

Xadrez
Gwyddbwyll

Aprender	I Ddysgu
Branco	Gwyn
Campeão	Pencampwr
Concurso	Gystadleuaeth
Desafios	Heriau
Diagonal	Lletraws
Estratégia	Strategaeth
Jogador	Chwaraewr
Jogo	Gêm
Oponente	Gwrthwynebydd
Passivo	Goddefol
Pontos	Pwyntiau
Preto	Du
Rainha	Brenhines
Regras	Rheolau
Rei	Brenin
Sacrifício	Aberth
Tempo	Amser
Torneio	Twrnamaint

Parabéns

Conseguiu!

Esperamos que tenha gostado tanto deste livro como nós gostamos de o desenhar. Esforçamo-nos por criar livros da mais alta qualidade possível.
Esta edição foi concebida para proporcionar uma aprendizagem inteligente, de qualidade e divertida!

Gostou deste livro?

Um simples pedido

Estes livros existem graças às críticas que publica.
Pode ajudar-nos, deixando agora uma revisão?

Aqui está um pequeno link para
a sua página de revisão:

BestBooksActivity.com/Avaliacoes50

DESAFIO FINAL!

Desafio n° 1

Está pronto para o seu jogo grátis? Usamo-los a toda a hora, mas não são tão fáceis de encontrar - aqui estão os **Sinônimos!**
Escreva 5 palavras que encontrou nos puzzles (n° 21, n° 36, n° 76) e tente encontrar 2 sinónimos para cada palavra.

Escreva 5 palavras de *Puzzle 21*

Palavras	Sinônimo 1	Sinônimo 2

Escreva 5 palavras de *Puzzle 36*

Palavras	Sinônimo 1	Sinônimo 2

Escreva 5 palavras de *Puzzle 76*

Palavras	Sinônimo 1	Sinônimo 2

Desafio n° 2

Agora que já aqueceu, escreva 5 palavras que encontrou nos Puzzles (n° 9, n° 17 e n° 25) e tente encontrar 2 antônimos para cada palavra. Quantos se podem encontrar em 20 minutos?

Escreva 5 palavras de **Puzzle 9**

Palavras	Antônimo 1	Antônimo 2

Escreva 5 palavras de **Puzzle 17**

Palavras	Antônimo 1	Antônimo 2

Escreva 5 palavras de **Puzzle 25**

Palavras	Antônimo 1	Antônimo 2

Desafio n° 3

Óptimo! Este desafio final não é nada para si.

Pronto para o desafio final? Escolha 10 palavras que tenha descoberto nos diferentes puzzles e escreva-as abaixo.

1.	6.
2.	7.
3.	8.
4.	9.
5.	10.

Agora escreva um texto a pensar numa pessoa, num animal ou num lugar de seu agrado.

Pode utilizar a última página deste livro como um rascunho.

A Sua Composição:

CADERNO DE NOTAS:

ATÉ BREVE!

A equipa Inteira

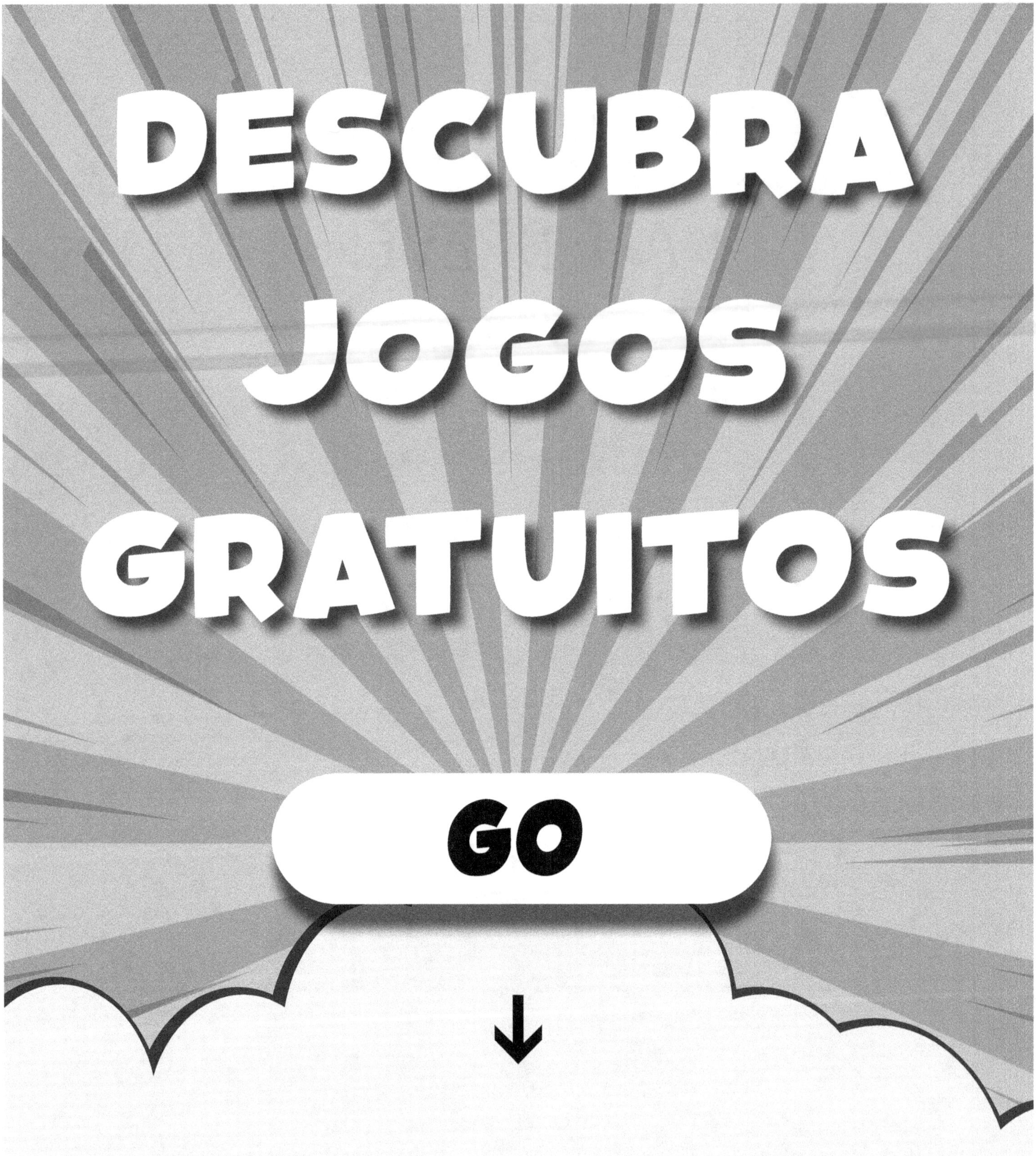
DESCUBRA
JOGOS
GRATUITOS
GO